打造你的领导力

从"管人"到"管全局"的突破

彭 飞 ◎ 著

DAZAO NIDE LINGDAOLI

中国商业出版社

图书在版编目（CIP）数据

打造你的领导力："从"管人"到"管全局"的突破 / 彭飞著. -- 北京：中国商业出版社，2019.7
ISBN 978-7-5208-0834-7

Ⅰ. ①打… Ⅱ. ①彭… Ⅲ. ①企业领导学 Ⅳ. ①F272.91

中国版本图书馆CIP数据核字（2019）第145679号

责任编辑：黄世嘉

中国商业出版社出版发行
010-63180647　www.c-cbook.com
（100053　北京广安门内报国寺1号）
新华书店经销
三河市天润建兴印务有限公司印刷

*

710毫米×1000毫米　1/16开　13.5印张　200千字
2019年8月第1版　2019年8月第1次印刷
定价：58.00元

****

（如有印装质量问题可更换）

序　言
有境界则自成高格

一百多年前,中国学者王国维在他的《人间词话》中,对"古今之成大事业、大学问者"的成功路径加以描述,提到了其中三种境界:"昨夜西风凋碧树,独上高楼,望尽天涯路。""衣带渐宽终不悔,为伊消得人憔悴。""众里寻他千百度,蓦然回首,那人却在,灯火阑珊处。"

人将有限的人生纳入广袤的社会发展中,一直追寻着人生境界的高度,不断创造更大的价值和幸福感。为了实现人生的最高境界,每个人都应着眼于人格的塑造、眼界的拓展和能力的提升,既需要奋进的力量,又需要改变的勇气,才能从"望尽天涯路"走到"灯火阑珊处"。

今日之中国,经济发展方式亟待转变,新的商业模式不断涌现,市场竞争日益激烈,人才队伍结构趋向多元化,资本力量不容小觑……大环境所展现出的一切特征,都在考验着企业的领导班子和领导力。

所谓领导力,就是一种特殊的人际影响力。组织中的每一个人都会去影响他人,也会受到他人的影响,因此每个人都具有潜在的和现实的领导力。在组织中,领导者和成员共同推动着团队向着既定的目标前进,从而构成一个有机的系统。在系统内部具有以下几个要素:领导者的个性特征和领导艺术,员工的主观能动性,领导者与员工之间的积极互动,组织目标的制定以及实现的过程。毋庸讳言,广大中小企业发展的命运,常常系于企业家一己之身。如果企业家的领导才能突出,则企业的收益会立竿见影,并获得更大的生存和发展空间;相反,如果领导力停滞不前甚至倒退,则迟早会难以应对层出不穷的问题,更难以留住企业发展所需要的资源,从而被淘汰出局。面对适者生存的社会现状,企业家不得不提升自身的领导力,不断追求新的高度。

很多时候,企业未来的发展取决于领导者的性格和境遇。管理企业是一项有

打造你的领导力
——从"管人"到"管全局"的突破

挑战性的工作。领导者不但要懂得管人的技巧，还要学会掌控自我，更新自己的认知和能力，企业才可能有未来。

因此，领导者必须密切关注个人领导力的提升。但人是极为复杂的感性动物，外界的诱惑越多，人的价值需求就越来越多元化。真正要赢得员工的不离不弃，领导者就需要不断地学习、模仿、实践，才能用自身的能力和外在的魅力，赢得队伍的生死与共。

一个领导者的魅力，除了自身的能力，还有其人生格局和境界。他们应该跳出眼前的利益，转而进行长远规划；他们应该重新塑造自我的人生境界、抱负和追求，既不能停留在小富即安的享受中，也不能盲目自信于当下的成绩；他们应该避免以管理者心态自居，应以领导者心态来管理企业，才能打造真正意义上的团队；他们应该反思在企业管理中的方式方法，从侧重于"细节管理"走向"战略领导"，再走向"无为而治"。

当初，我刚创业的时候，因个人的领导力较弱、领导者的境界也不高，在管理中处处碰壁，导致公司面临危机，员工走了一大批，留下来的寥寥无几。我很感动，也很感激几位陪我坚持的伙伴，他们分别是锦彪、亿信、志杰、国文、官旺、科长和思芬婷。

在我逐渐意识到自己的问题时，我并没有放弃，而是努力苦修领导者境界和管理方面的知识，终于将企业拉到了正轨。

在探索的不断过程中，我积累了不少的管理心得和提升领导者境界的策略。我把自己总结下来的东西分享给大家，希望可以帮助依然在创业路上苦苦探索的人。

在书中，我以领导力的四层境界为纲，以传统文化同现代领导力理论的结合为目，将中小企业现实需求同本土国情、社会、市场、企业乃至民族性特点融会贯通。我希望通过这本书，帮助领导者不仅解决眼前的问题，更能着眼于未来，为未来道路上扫清路障，顺利前行。如果大中小企业家、企业管理理论研究者以及无数个创业者能从本书中获得些许启发与收获，这将是我最大的欣慰。

由于我个人能力有限，书中难免出现疏漏，望广大读者斧正！

彭 飞

目　　录

第一章　领导者面对的 6 个领导力误区　/　001

01　领导力就是管理能力　/　002

02　领导者可以随心所欲　/　007

03　坐上领导位置就可以做到所有人都服从自己　/　010

04　坐上领导位置就有了领导力　/　014

05　做领导者就可以偏心　/　018

06　领导者只需要下命令即可　/　021

第二章　领导者的 8 个资质　/　025

01　第一个资质：使命感　/　026

02　第二个资质：自信心　/　028

03　第三个资质：尊重心　/　031

04　第四个资质：目标心　/　035

05　第五个资质：赏识心　/　038

06　第六个资质：合作心　/　042

07　第七个资质：信任心　/　046

08　第八个资质：共情心　/　049

打造你的领导力
——从"管人"到"管全局"的突破

第三章　如何准确定位领导力　　/　　055

01　你是什么类型的领导者　　/　　056

02　如何以身作则　　/　　058

03　领导者需要以爱管人　　/　　061

04　一诺千金的领导者最有领导力　　/　　065

05　领导者是唯一的坚守者　　/　　068

06　不与员工争功　　/　　071

第四章　打造魅力，有魅力才有领导力　　/　　075

01　魅力是自我涵养的体现　　/　　076

02　提升魅力，给员工一个亲近的理由　　/　　079

03　助人者人恒助之　　/　　082

04　什么该承诺，什么不该承诺　　/　　085

05　虚怀若谷，能容人，能爱人　　/　　088

06　分享的魅力挡不住　　/　　091

07　领导者的魄力决定了员工的信任度　　/　　093

第五章　领导者的学习力至为关键　　/　　097

01　学习是领导者一辈子的事情　　/　　098

02　把时间用在关键项目上　　/　　101

03　与他人共享是最好的成长　　/　　103

04　培养高效的做事习惯　　/　　107

05　如何以最低的成本作出最具价值的决策　　/　　109

第六章　领导者的制度管理与人情管理　/　111

01　领导者也是要遵守规则的　/　112
02　制度的力量　/　114
03　不因人情而破坏制度　/　117
04　不公平，击溃的不止是领导者的威信　/　122
05　如何做到"亲不溢美，疏不掩功"　/　125
06　多给有能力者"吃干饭"的机会　/　129
07　把荣誉还给下属　/　132
08　奖惩也要依规矩，不能顺意而为　/　136

第七章　如何以目标引导团队才更有成效　/　141

01　团队管理的核心，就是目标管理　/　142
02　如何合理设定团队目标　/　144
03　团队战斗力如何调动　/　148
04　你需要与员工站在一起　/　152
05　去中心化时代的领导力　/　155
06　举重若轻，让管理自成体系　/　158

第八章　向上与向下沟通的秘诀　/　163

01　善用同理心，翻越彼此间的心墙　/　164
02　在沟通前先计算你会占用上司多长时间　/　168
03　你的"废话"，下属听懂了吗　/　169
04　不吝啬为员工勾勒一幅远景　/　173
05　有些谈话，你只需要静静聆听　/　176
06　给员工畅所欲言的自由空间　/　178

第九章 领导者识人用人的核心 / 183

  01 善用人者，无无用之才 / 184

  02 谁是人才，谁是庸者 / 187

  03 "使人如器"与"使人求备" / 189

  04 下君尽己之能，上君尽人之智 / 192

第十章 领导者应具备的 5 个境界 / 195

  01 志气：不甘平庸，拥抱失败 / 196

  02 骨气：坚守信仰，固守原则 / 198

  03 静气：放下欲望，力克急躁 / 201

  04 大气：心有大气，左右不移 / 202

  05 底气：守住底气，才能成事 / 205

01 第一章
领导者面对的 6 个领导力误区

打造你的领导力
——从"管人"到"管全局"的突破

01 领导力就是管理能力

企业如同一支军队,企业家正是主宰这支军队的将领。在《孙子兵法》中,对将领的价值如此描述:"夫将者,国之辅也。辅周则国必强,辅隙则国必弱。""故知兵之将,民之司命,国家安危之主也。"

为将之道,在于改变军队命运,而企业的运营业绩想要不断提升,则必须依靠真正强而有力的领导者。

现实中,不少公司老板都在抱怨:自己的时间不够,因为要管的事情太多,忙不胜忙。有的老总见到基层员工迟到,就会训斥一番,看到行政管理员工的工作态度不勤勉,又要批评几句……有的老板甚至会对机器螺丝是否拧紧了、办公室窗户擦得是否干净、员工下班后空调电源是否关闭等,都要一一过问。但是当他们在抱怨管理事务占用了太多精力之时,却很少有人思考其领导方式是否正确。

这样的现实,引发了领导力专家的思考:"公司老板到底应该管多少人?"很多人都曾以为:"公司规模有多大,老板就应该管理多少员工。"甚至还有人觉得,领导者管人管事应该是"韩信领兵,多多益善"。于是,很多领导者认为领导力等同于管理能力。

但情况并非如此简单。虽然公司老板可以直接去管理每一位基层员工,但从组织架构上来看,老板通常应该管理的,只是其直接下属而已。通用电气公司全球有数十万员工,直接向 CEO 汇报的,也不过 20 余人的高级副总裁。换而言之,通用电气 CEO 直接管理的只有这 20 多人的团队。十几年前,这个数字不超过 10,30 年前,这个数字只是 5。在这样的管理结构中,原通用电气董事长杰克·韦尔奇成为了打造领导力的传奇。

现实中,那些尚处于初创成功阶段的公司里,老板们明明同时管理几十人,也能安排得井井有条,同样发挥了不错的领导力。

那么,真正的领导者,究竟应该是管还是不管呢?想要对此作出科学的回答,就要先明白什么是管理。

第一章
领导者面对的 6 个领导力误区

管理的基本功能，即让体系正常运行，让组织整体能够按部就班地工作。自从出现了企业，管理活动就随之出现，但无论管理形态如何变化，管理始终注重的都是事情的本身。

这里可以先从管理的内涵来看。首先，管理是为了实现组织目标而服务的；其次，管理包括一系列的基本职能，如计划、组织、协调、控制等；再次，管理对象为企业组织的各类资源；最后，管理是动态的，是在一定环境下展开的。如图 1-1 所示。

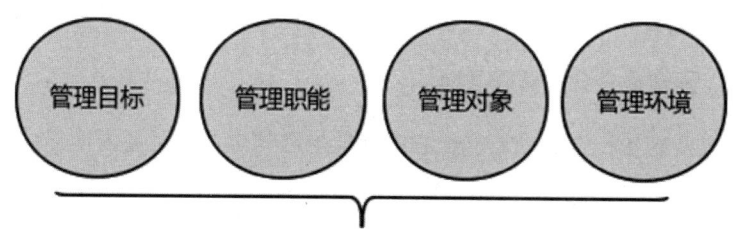

图 1-1　管理内涵的四个方面

在企业中，几乎每个人都肩负着不同的管理使命。无论是中层干部还是基层员工，他们都要面对来自不同部门、不同岗位的管理。但不能就此认为，企业的最高领导者即是最高管理者。因为领导者究竟要管多少人和事，在很大程度上取决于组织环境的综合情况，同时也取决于其领导力和管理水平。

第一，要看领导者在其任期的何种阶段。

企业发展离不开天时、地利、人和三要素。领导者任期内最重要的是"人和"。

新任领导者通常需要拓宽其管理事务的范围，建立更高的战略，促进公司全面发展和转型；当公司稳定下来之后，他会减少直接管理事务的数量，并对直接下属成员构成进行调整，从而更大程度地进行间接管理；最后，如果他打算离职或者选择继任者，还会进一步精简现有的管理事务，为后任留下上升的空间。

第二，要看管理团队是如何构成的。

一般而言，公司规模越大，管理团队人数众多，内部相互沟通的事务就越多，则会消耗更多的时间。因此，领导者应该对自己身边的工作团队结构作出合理的评估和调整。

当副总、助理、秘书、各事业部经理等直接下属数量增多时，某些老板就会出现越管越多、事必躬亲的倾向；当职能领导例如首席营销官、首席信息官等数量增多后，老板管理事务的压力将有所分散。因此，老板在组建管理团队过程中，可以考虑引进或提升一些战略型专家人才加入管理团队，让他们成为职能领导。

第三，要适合企业的管理层次。

企业想要有条不紊，就不能随心所欲地加以管理，而是要有明显的管理层次。如图1-2所示。

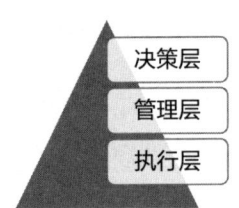

图1-2 管理的三个层次

现代化企业中有决策层、管理层和执行层三个层次。决策层负责制订经营战略规划和发展布局；管理层负责计划、控制和组织；执行层负责具体的执行操作。作为企业的最高领导者，应着眼于战略层面，而不是管理层面，否则会打破原有的秩序。

企业领导者想要真正弄清楚自己应该"管多少"，还需要进一步弄清楚领导和管理的区别。通常情况下，领导者偏向于做正确的事，而管理者偏向于正确地做事。不过，仅仅知道这个原则是不够的，还要学会从下面三个角度去加以认识。

第一章
领导者面对的6个领导力误区

第一，认清领导者和管理者的职责不同。

首先，管理者担负的是具体的管理工作，包括"时间管理""目标设定""业绩评估"等，直接对团队员工行动结果负责管理者需要不断地从各个角度出发，利用语言和行动直接对员工加以监督管理和评价反馈，如"最近加班太多，效率应该提升""这样的表现很难向公司交待"等。如果在工作过程中忽略了对下属的直接管理，管理者就难辞其咎了。

与此相比，领导者对组织的关注更多在于战略层面。他们不可能去做大量关乎细节的管理，也不可能将注意力长期分散到某个人、某个岗位上。领导者和管理者不同的职责如图1-3所示。

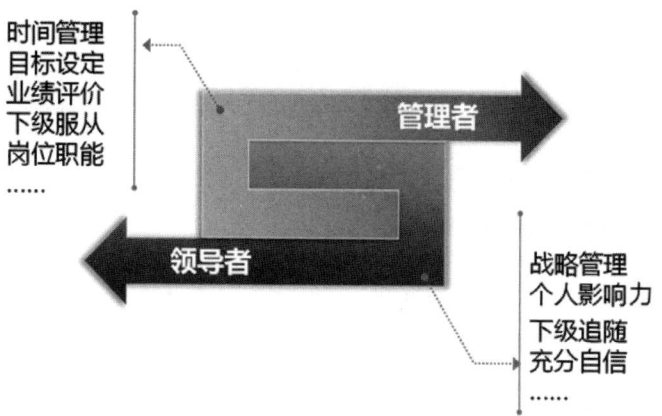

图 1-3　领导者和管理者不同的职责

不仅如此，管理者的身份是建立在报酬和强制权力基础上的，因为下属必须服从上级的管理。但领导者不同，领导者之所以能影响其他人，既是因为职位权力，也是自于个人影响力，即同个人的品质和专长有关。

从某种意义上来看，领导者必须要得到下属的充分追随，而管理者则是依附其岗位职能上的。管理者需要设法让员工服从和信任，但并非追随，而没有部下追随的企业领导者，并非是真正意义上的领导者。意识到这样的不同，是企业老板摆脱管理者角色的开始。

第二，展现出领导者的素质。

为了实现成为优秀领导者的目标，需要企业老板去培养和展现自身的素质。这些素质更多集中在和企业内部职位无关的影响力上。

（1）专长感，即老板个人在某个领域是否具有明显的特长。

（2）表率力，即作为企业的负责人，是否具备足够的个人魅力，能够以一种无须用语言传达的方式影响下属，如品格、知识、才能、毅力、气质等。当企业家不需要展现职位权力，就能利用这些因素去吸引他人，引起他人的认同、羡慕或敬佩之时，就已经具有了这种表率力。

（3）背景力，是指企业老板因为过往的经历而获得的影响力。

（4）亲和力，即企业老板和员工之间有着融洽的情感，并由此获得进一步的领导力。

无数领导力的成功案例证明，这些非职位权力因素是企业领导者不断扩大领导力不容小觑的强有力力量。

第三，敢于创新、勇于颠覆。

如果企业老板侧重于单纯的管理，就会始终依赖自己的经验来管理企业。虽然利用其丰富的经验能够省去很多花在探索过程中的时间和精力，也能够让团队迅速进入工作状态，但是如此片面的领导方式，极易让经验成为扼杀企业组织创新的负面因素。一个企业只相信老板自己的管理经验，就会让企业陷于不断僵化、不断走老路的经营模式。久而久之，其领导力必然下降。

想成为真正的领导者，企业老板就应该拥有不破不立的创新勇气和颠覆意识，敢于克服自己既往的不足，勇于接受新思维的挑战。更重要的是，企业老板必须能够打破原来形成的认知观点，敢于为企业的利益承担革新风险和责任，而不是束手无策地进行日复一日的重复管理，坐等问题按照"以往"的模式解决。

领导者只有认识到企业管理的重要性，才能在工作中正确分配比重，以免在事必躬亲中消耗太多的时间与精力。

02　领导者可以随心所欲

在一项针对中小企业员工的调查中，调查者设计了这样的问题："什么样的老板让你感觉最难以忍受？"结果显示，67%的回答者选择了"随心所欲"。但对于这一结果，很多领导者却并不认同，他们的看法是："我自己的企业，为什么不能想做什么就做什么？"

因此，这些领导者经常会按照个人喜恶来管理企业运行、改变决策方向，这不但让下属员工感到无所适从，也会导致整个企业文化的发展停步不前。

成功的企业领导在迈进的每一步中，都有着对现实的冷静观察和对未来的科学预测；相反，失败的领导者却很少真正思考，他们总是随心所欲地作出决定，这种"随心所欲"可以说是其领导力低下的原因所在。

那些喜欢随便作出决定的领导者，经常靠"拍脑袋"来改变企业，他们想怎么干就怎么干，除了眼前利益和冲动之外，他们并没有为领导力的践行制订预测范围和执行坐标，通常也不会为相关工作制订明确的评价标准。

举例来说，当这种领导者评估员工的具体表现时，就很容易因为标准不断变化而显得随意。在这种随意性之下，员工会习惯性地来试探领导者的言行特点，从而限制或者引导领导者。

某部门的预算金额为20万元，但实际使用的费用为19万元，该部门经理根据对老板的了解，斩钉截铁地在会议上宣称："我的部门为公司节省了1万元。"因为他知道这会得到老板的高度评价。如果在同样的项目中，该部门实际上花费了21万元，经理还是会设法获得好评，他会声称自己已经尽力将超支压缩到预算方案的10%里。

上面这样的事情，在许多企业中频繁发生，造成许多员工心有不满。究其原因并不复杂，关键在于这些企业的领导者无论作出怎样的评价，都更多来自于个人的第一感觉，甚至是冲动。领导界定是非功过的标准十分模糊，从而给一些人以可乘之机，但却对更多员工带来无所适从的麻烦。

打造你的领导力
——从"管人"到"管全局"的突破

身为领导者,在带领员工前进时,千万不要只采信个人内心的感觉,必须中立客观,防止主观化的错误倾向,更不能陷入盲目性的误区。

1994年,三株公司凭借其生产的"三株口服液"在保健品市场上异军突起。到1996年,该企业实现销售收入80.6亿元,上缴利润8.2亿元。

在某次年会上,该公司总裁吴炳新宣读了《争做中国第一纳税人》的报告,提出到20世纪末,三株要完成销售收入900亿~1000亿元,成为中国第一纳税人。

在这样的目标下,三株开启了超常规发展模式。

1997年,三株一口气兼并了20多个制药厂,员工达到10万多人。最终,由于盲目扩大等诸多原因,三株公司陷入了全面危机。

三株公司的教训说明,领导者无论取得了多大的成功,都不能未经过深思熟虑和精准的调查研究就进行决策。尤其在中小企业中,企业的创立者、所有者、领导者往往是同一个人,董事会并没有真正发挥作用,甚至根本没有股权结构。因此,当老板发号施令的时候,下属员工也会"聪明"地选择服从,他们会认为"我已经尽责,反正企业是你的"。此时,领导者如果还是采取急躁的、模糊的决策,企业的风险值就会增加。

动辄"任性"的领导者毕竟是少数,绝大多数富有经验的企业领导者都能够理智对待自身角色。他们虽然也追求"随心所欲",但他们知道领导力是多么重要,只是无法做到孔子口中的"不逾矩"。

任何企业的有序运行,都源自于各部门在明确规章制度下的协调合作,而领导者也是其中的重要一环。

第一,为权力运行树立客观、公正的标准。

明智的领导者会看清权力运行途径上有可能出现的误区,尤其是避免出现图1-4中所示的四种随意性危险。

第一章
领导者面对的 6 个领导力误区

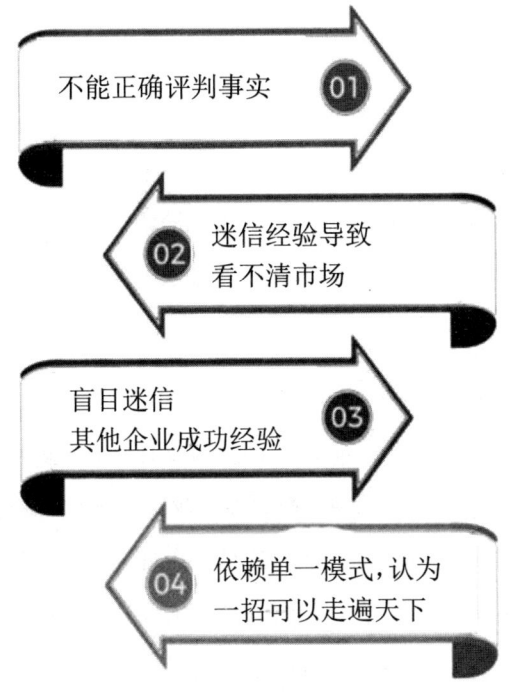

图 1-4　领导者的四个误区

（1）对事实做不出正确的判断，而是将虚假或片面的信息作为客观事实。

（2）看不清市场或政策的变化，盲目相信个人经验，认定自身判断永远正确，结果导致领导决策不断出现问题。

（3）盲目相信"领跑企业"的决策，跟随他人步伐人云亦云，结果落后于市场变化，从而丧失自身优势。

（4）只信赖对某个问题曾经正确解决的模式，误以为单一模式能够完美地应对企业发展中的所有问题。

第二，建立科学的决策机制。

现代企业内的分工极为细致，虽然这能够显著提高工作效率，但随之也带来了信息不够畅通的问题。企业的最高领导者虽然可以直接管理各个部门，但也不可能面面俱到。这种普遍的"公司病"很容易导致老板拍板的决策计划只符合某个部门的实际状况，却违背其他部门的布局计划。

领导者不妨考虑建立以高层为主的决策智囊团，让不同部门的信息都可以通过智囊团提交汇总给自己，从而充分了解不同部门的情况，客观推断某个设想是否符合整体实际情况，确保得到行之有效的、一致的执行。而身处智囊团中不同部门的负责人也不再只是被动和片面地去向领导提交情况，在这样的平台上，他们可以积极参与战略规划、分享思路方案、提出个人的看法和建议，为杜绝领导者的随意性而贡献自己的力量。

第三，不应盲目追求热点。

在现代市场的激烈竞争中，企业是否能够及时把握市场机遇、准确选择扩张方向，决定着企业未来命运的发展。但如果企业的领导者过度在意对机遇的捕捉，就容易陷入盲目追随市场热点的误区。其具体表现为，一旦领导者个人关注到所谓的热点之后，就会动员整个企业的力量进入该领域，但在此之前，却忽视了市场调查。实际上，企业领导者在制订决策时，很有可能只看到某个热点可以带来的效益，却忽视了其背后隐藏的压力和风险。或者还有可能只看到企业本身的优势，却忽略了自身存在的劣势。为了预防此类问题，领导者必须更加理性，把握好市场热点出现的时间点，分析其从出现到消退的过程，理性地抓住节奏来制订决策。这样，才能作出更加科学的领导决策。

03　坐上领导位置就可以做到所有人都服从自己

管理和领导在企业组织中的作用极其重要，其价值各自不同。企业家如果只重视领导力，却忽视具体管理，那么企业就会面临失控风险；反之，只关注事务管理，却没有培养和发展领导力，企业就会外强中干。

目前情况下，中小企业往往更容易出现后一种问题。其具体表现为，最高领导者的管理范围太大，每个部门甚至每个岗位，都能感受到"大老板"的存在。而领导者却理所当然地认为，既然坐在领导的位置上，那所有人都必须服从自己。

第一章
领导者面对的 6 个领导力误区

然而现实却是,即使其插手使得事务部门的现状出现改变,但这也仅仅限于老板出现时,当他转身离去,原有情况依然故我。

那么,老板的管理无处不在,是否真能为企业开创辉煌的未来?答案是否定的。与此相比,领导者想要在企业内发挥更高的影响力,并不在于权威与服从,他们其实有更好的影响方式——"隐性"领导。

"隐性"领导是指下属被领导者在不知不觉中引导带领。在没有感觉到强迫和束缚的情况下,员工的工作状态就发生了有益变化。

隐性化的领导,需要领导者有深厚的个人修养、高超的管理艺术。

1994 年,戈登·贝休恩担任了美国大陆航空 CEO。这家全美第五大航空公司每月亏损接近 5500 万美元,内部管理糟糕,对外服务也同样糟糕。

贝休恩认识到,自己是企业的领导者,而并非管理者。他决定充分发挥个人的影响力,将企业的管理方式由"被动运行"变为"自我管理"。为此,整个企业中每个层级都需要赋予下属充分的价值,让员工带着兴奋感去追逐工作目标。

很快,公司规定,如果当月大陆航空航班准点率能够进入全美前五名,公司就会发给每个员工奖金。另外,如果企业全年盈利,员工也能拿到分红。到 1995 年,大陆航空航班准点率成为所有航空公司的第一位,获得 10 年来的第一次盈利,股票价格也从 3.25 美元飙升到 50 美元。

看起来,贝休恩并没有像他的前任那样事无巨细地进行管理,他只是改变了 CEO 这个位置影响企业的方式。

企业领导者不是火线上的英雄,不需要单枪匹马面对问题,而是要开动脑筋来为组织服务;也不需要处处指挥,而是要时时心系下属。这样的领导方式或许没有体现出领导者的权威,看上去也并不耀眼,但却蕴含着成功的可能性。

良好的隐性领导力具有五大方面的显著特点(见图 1-5)。

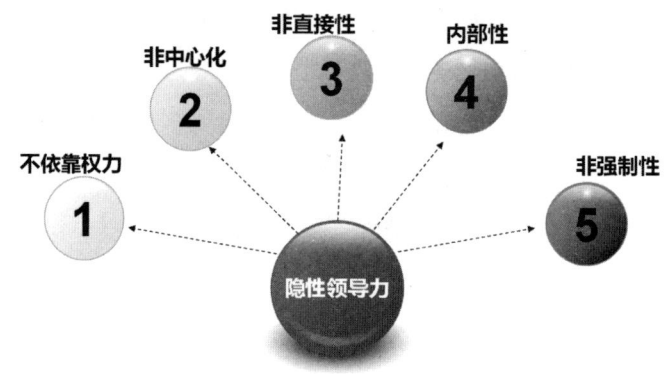

图1-5　隐性领导力的五个特点

第一，隐性领导力不依靠权力。

隐性领导力主要是依靠非职位权力因素来发挥。例如，领导者用人格和品德的魅力、自我约束的示范作用来进行管理，更改原来的管理制度，创造轻松的工作氛围，或者更新流程来解决既有阻碍等。相比职位权力因素，这种改变的方式更为持久和深入。

第二，隐性领导力的非中心化。

由于中小企业老板本人往往就是企业的创始者，整个企业必然带有大量个人色彩。在此情况下，如果还是不断强化个人的影响力，就很容易陷入极端，将企业变成"一言堂"。企业文化单一，就会阻碍企业发展的速度。企业领导者不能总站在事务情境的中心，应该有意识地退到员工关注力的边缘。

第三，隐性领导力的非直接性。

大多数老板都习惯使用显性领导力来影响企业。相比之下，隐性领导力所产生的间接作用更大。领导者可以不断设计出新的权力使用情境，在企业内部各管理层间互相渗透，最终影响到每一个员工。

需要注意的是，情境本身并不需要领导者个人在场。相关的领导模式，可以借助事先规划好的路径，在企业各部门中不断复制，最终达成管理目的。

第四，隐性领导力的内部性。

显性领导力是表象的，领导行为主要是解决来自外界的压力，这些行为大多能被观察和测量。相反，面对内部压力，需要多采用隐性领导。虽然其结果并不容易被计算和感知，但可以更多表现为员工体验和感受的改变，呈现出微妙的心理变化、情绪反应，这样，员工的价值观、集体的工作情绪都会有积极改变。

第五，隐性领导力的非强制性。

隐性领导力强调的是在"不知不觉"中管理企业。依靠书面、口头或程序上的强制命令，会显得过于直接。另外，隐性领导力应该做到因人而异、因时而异和因事而异，运用不同的方式方法，进行人性化管理。

另外，隐性领导力还具有多样化、复合化等特点，可以根据不同的需要调整组合。

由于隐性领导力存在上述特点，想要正确使用，还不能遗漏下面几点原则。

第一，强化员工共同意识。

想要达到隐性的境界，需要全体员工的积极配合和达成共同意识。只有在企业家的率领下，员工从上到下形成共同的愿景、价值观和奋斗目标，隐性领导力才会发挥更大的作用。

另外，隐性领导力还需要领导者和被领导者有强烈的彼此认同感，双方可以积极相互接受与合作共进。员工会成为追随者，不断地认可老板为企业创设的目标。有了此种心理状态，追随者的工作行为将很容易受到来自领导者的暗示和引领，不断提升自觉性，在积极影响下自发工作。

在理想的隐性领导情境中，员工感觉不到领导者给出的压力，也感觉不到领导力的发挥。员工表面是按照个人意志和工作习惯在组织中行动，但事实上，他们早已经接受了领导者的巨大影响。

第二，强调平民化领导而非英雄化领导。

在漫长的历史发展过程中，中国文化形成了对英雄的推崇，并进一步沿袭成为组织中的英雄化领导倾向。但在互联网时代中，"平民角色"更大程度地得到了重视，"英雄形象"逐渐失去原本的话语权优势，实际地位已下降。

在企业组织中，每个人都希望和领导心意相通，都希望发自内心去行动，而不是被动地跟随。这就需要领导者更加尊重基层员工，提示而非强迫，鼓励而非命令，为员工的自我改变创造机遇空间。

总体而言，隐性领导力要求领导者能发自内心地从"神坛"上走下来，其作用不在于限制和束缚，而旨在潜移默化地帮助所有人。

04　坐上领导位置就有了领导力

领导力的产生，是领导者的权位天然赋予的吗？这也是很多领导者最常陷入的误区，他们自以为坐上领导的位置就有了领导力。但现实却是，无数人虽然坐上了领导的位置，但并未获得所有员工的认可，甚至连能够领导组织走向成功的人也少之又少。领导与管理的区别在中国传统文化中也早有体现。其中最典型的是《西游记》中唐僧和孙悟空两大艺术形象。虽然同属取经团队，但他们待人、接物、做事、思考的方式迥异，为领导与管理的差别作出了最形象生动的注脚。

众所周知，《西游记》中唐僧师徒四人的性格、能力完全不同，在经历了各种矛盾波折之后，最终还是共同闯过九九八十一难，取得了真经。相比《水浒传》中看似团结实则松散的梁山和《三国演义》中"刘关张赵诸葛"领导下最终失败的蜀国，只有唐僧领导的取经团队取得了最后的胜利。

唐僧在整个取经团队中，看似是最缺乏才能的，但却有着最高的领导力。他肉体凡胎，没有任何降妖除魔的能力，连白龙马都不及。但他却依然被"取经项目"中的所有人看好，包括如来、观音、玉帝、唐太宗等人，无一不对其

第一章
领导者面对的 6 个领导力误区

信任有加。相反,孙悟空虽然战斗力超群,但其领导力不足,在花果山时期就已经初露端倪。有理由相信,如果把取经团队交给他来领导,必然会以失败而收场。

无论是宋江,还是"刘关张赵诸葛",其个人能力都十分拔尖,也都坐上了领导者的位置,但其最终结局却是失败;而如孙悟空这样的"齐天大圣",更是将花果山领向被天庭覆灭的结局。仔细区分唐僧和孙悟空带队伍的方式,我们能够看出下列不同。

第一,是否给组织一个明确的目标。

唐僧有着坚定的使命感。从信仰上看,他愿意为佛教传播事业付出努力。从利益上看,他肩负皇恩,又接受了如来、观音的任务,成为各大"风投"的关注对象,只能前进而没有后退的余地。也正因如此,他努力将目标传播给整个组织,不仅以目标来激励员工,还用他为了目标而身先士卒、不断前进的勇气去影响下属,提高他们的思想认识,获取他们的尊敬和信任。如图 1-6 所示,具有明确目标的三个表现。

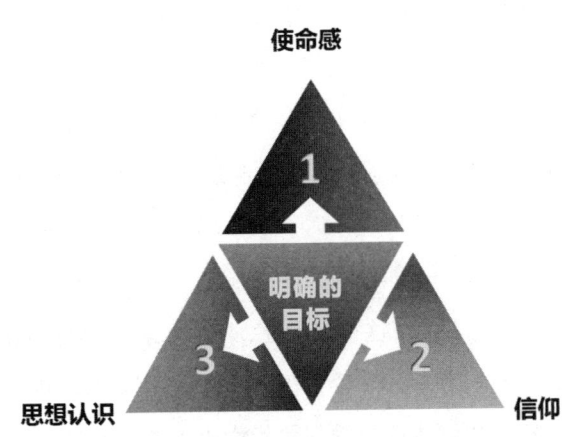

图 1-6 具有明确目标的三个表现

与之相比,孙悟空就没有这样坚定的目标了。他参加取经团队的最直接目的是为了获得自由,最大的乐趣就是降妖除魔。如果说有什么追求,那就是为了传扬"孙爷爷"的威名,是典型的技术型骨干员工。因此,即使他个人能力强大,却找不到可以说服其他员工信仰的目标,也无法为整个团队设定出伟大愿景。

由此可见,企业领导者本人应该是企业目标的信奉者、传承者和传播者,只有先确保自己能够真正设立并追求目标,才能以身作则,凝聚所有成员,团结队伍中的追随者共同奋斗。

第二,是否拥有足够的权威。

如果唐僧没有紧箍咒,估计早就无法辖制孙悟空了,甚至还会有生命危险。同样,孙悟空对猪八戒、沙僧的"领导",之所以缺少操作可能,也就在于他没有领导者的权威性。

孙悟空想要领导取经团队,在个人影响力上很难合格。他虽然被尊称为"大师兄",但论出身资历,他都比不上在天宫中人脉广阔的师弟们。相反,唐僧虽然只是普通人,但却得到了整个"市场"的承认,获得了"董事会"的任命。因此,孙悟空即使赌气一个跟头翻出十万八千里之远,却依然会被紧箍咒牢牢控制,而猪八戒如果赌气回高老庄,孙悟空除了打死他也别无他法……

可见,领导者想要带动组织,除了强调目标之外,还必须有权威性。这种权威的合法性能够让每个层级、每个员工对领导者保持敬畏,进而产生追随愿望。推而广之,管理者和领导者的区别就在于是否具有这种无处不在的权威感。

通常,合格的管理者在工作现场时,队伍起码表面上能够正常运转。但对领导者的要求却远不止于此——即使他们不在,企业组织也同样一如往常,而且充分投入。因此,如果管理者没有这种权威性,实际上就不能称为领导者。

当然,在《西游记》中,唐僧运用权威的次数远远比动用权力的场景多。他经常提出的是自身权威的合法性,例如"菩萨让我去西天取经""我受皇帝恩典"等。但只有当孙悟空犯下大错时,他才会使用紧箍咒施加惩罚。这对于企业领导者也有相当的借鉴意义。

要知道,领导力需要管理手段,管理手段需要权威,权威需要行使惩罚权力,但惩罚不能过度。一些不成熟的企业老总认为只有依靠惩罚，才能树立权威，其实片面相信惩罚的力量，反而更容易走向极端。

第三，是否坚持自我约束和以身作则。

唐僧之所以能够担任取经团队的领导者，在于其时时、事事都能以身作则。无论组织大小、水平高低，领导者始终都是会被置于放大镜下充分观察的，其一言一行、一举一动都会影响员工。

唐僧禁止杀生，自己坚决不杀生；禁止贪财，自己也决不贪财；禁止饮酒，自己就坚决不饮酒；禁止近女色，自己也能防备如城。在出发前发出的誓言如"见佛烧香、见塔扫塔"，他也都一一做到了。

即使在没有外来监督的情况下，唐僧也一样能够做到积极约束自己、以身作则，这样的领导者足以通过对自我的严格管理，让员工们敬佩不已。这既是普通员工做不到的，同时也是组织带头人需要遵循的基本原则。当领导者约束自我之后，才会因此产生他人所不及的人格魅力，获得下属发自内心的学习和追随。

相反，孙悟空虽然在花果山时就很受欢迎，能够和猴子猴孙同甘共苦，但他缺乏对自我情绪和行为的约束能力，动辄闯祸，一走了之。即使在取经路上，他也并没有处处以身作则，反而由于抵挡不住人参果的诱惑而带着猪八戒、沙僧犯下错误。这样的管理者常常会在小范围的团队中受到欢迎，但由于对自身约束能力的不足，导致领导力提高遭遇瓶颈，无法成为取经组织的领导者。

第四，是否具有系统的专业知识。

唐僧自幼经历坎坷，从小就有远大志向，少年起就在金山寺、洪福寺等知名寺庙系统学习了佛学知识，后来又进入大唐最高的佛学机构进修，并为皇室、王公大臣等开办佛学讲座，获得了唐太宗李世民的亲切接见和高度评价。这一切足以说明，唐僧本人具备了系统扎实的专业知识和业务能力，在佛学问题上，他有足够的资本去教导取经团队，同时震慑和教导下属。事实也正是如此，一路西行，无论是沿途谈话，还是到了佛家古迹，唐僧都能说出相关知识和道理，让下属们敬佩不已。反观孙悟空，其学习经历比较短暂，获取的技术能力更多凭借个人悟性，而并没有经过提升和整理，这也是他难以成为取经团队领导者的重要原因。

除此之外，唐僧西去路上，一路上不断用谈话和示范的方式，教育着整个团队如何做人、做事。取经团队成员的心性因此不断成熟，相互之间的关系不断趋于平和，最终修成了正果。

这说明，作为企业的领导者，不能眼里只有自己确定的目标，而是要将企业发展同下属个人成长结合在一起，时刻不忘对他们进行教育和训练。这样，才是真正心系部下的领导者。

虽然《西游记》中的唐僧也有着种种人性缺点，但必须承认，从领导力上看，唐僧始终在不断提升自我，如果没有他的努力，就不会有取经团队的成功。唐僧身上所表现出的优点，是每个企业的老板都应该学会的。

05　做领导者就可以偏心

很多领导者的用人习惯就在于任人唯亲。在处理组织内部关系时，他们总是偏向于关系更亲密的一方，无论是矛盾协调，还是职权管理，均是如此。他们的理由在于：关系亲密往往意味着忠诚，给予资源倾斜也理所应当。

作为领导者，在管理组织时，确实应该有所偏向，但并不是盲目偏向有亲密关系的一方，而是要根据企业的规章制度和个人能力，给予晋升机会或奖金鼓励。按章办事、任人唯才，才是身为领导者的必修课。

企业内部存在员工之间的竞争乃至矛盾，完全是合理且必然的。当员工之间存在着你上我下的竞争关系之后，他们才能懂得什么叫居安思危，懂得及时学习和提高业务水平的重要性。有了压力，他们才会树立进取意识，积极主动而毫不松懈。这样，组织将会不断壮大和发展。

因此，当领导者面对员工纷争时，应该保持清醒、理性、冷静的态度。既不

第一章
领导者面对的6个领导力误区

能不分青红皂白，对所有出现的矛盾一律加以压制，也不能因为和某个下属关系更为亲近，或者对其更为欣赏，就明显倾向于这个人。那种身为领导者，却采取看似居中调和、实则有所偏向的态度，是最为危险的。这种做法表面上公平公允，实际上已经将领导者自己卷入了纷争之中。

员工之间产生矛盾或竞争时，他们的想法并非据理力争，也非学习提升，而是维护与领导者之间的关系，从而获得资源倾斜。长此以往，企业自然会走向官僚化，真正有才干的人也可能由此被排挤出去。

武则天称帝时，狄仁杰和娄世德都是朝廷重臣，但两人之间存在矛盾。武则天一开始默认了两人的竞争关系，但随着事态深入发展，她决定介入调和。根据研究分析的结果判断，问题症结在于狄仁杰的恃才傲物上，他对娄世德一向看不惯，总是在设法排斥。

于是，武则天招来狄仁杰问："我信任并且提拔你，你是否知道其中原因？"

狄仁杰说："皇上圣明，能够看到微臣的些许才德，这是皇上的恩典。"

武则天沉思一会儿说："其实，我原来并不了解你的情况。你之所以有今天，能够得到朝廷的重用，都是依靠娄世德的推荐。"

听到这句话，狄仁杰连忙跪在地上，向武则天承认了自己的错误。武则天并没有责备他，而是让其自己反省改正。

此后，狄仁杰抛弃了对娄世德的错误看法，两人虽然存在竞争关系，但却再也没有过分的矛盾冲突。

面对下属的矛盾，武则天并没有直接去批评狄仁杰"恃才傲物"，更没有强行要求狄仁杰低头认错，而是摆出事实，做到真正的调解。当面对员工之间的矛盾纷争时，领导者应该秉承着"对事不对人"的原则立场，理性、客观地采取相应措施。

处理员工之间矛盾的方法如图1-7所示。

打造你的领导力
——从"管人"到"管全局"的突破

图1-7　处理员工之间矛盾的方法

第一，不要压制员工之间的竞争。

一定限度的纷争能够对企业起到良性作用，领导者完全可以容忍并管控这样的纷争。当然，这并不一定需要领导者去具体作出什么表示。相反，领导者可以用表面上什么都不做，然后同时给出暗示、默认的方法，让纷争的双方获得鼓励。

当然，这种鼓励也需掌握好尺度，因为一旦不加以引导，失去控制，就有可能带来意想不到的风险。

领导者应将矛盾范围局限在工作事务之中。例如：员工相互之间存在着一较高低的愿望，那么领导者就应该和他们沟通，引导他们将能力展现在工作过程和结果上。反之，一旦矛盾牵涉到了员工之间的私人恩怨，又或者出现了违背企业组织整体利益的行动，那么领导者就必须要使用不同方法进行调和，阻止矛盾的进一步扩大化。

第二，用处理矛盾的能力来考验员工。

领导者需要的不仅仅是员工，更需要优秀人才。在挑选人才的过程中，领导者不能只是看工作能力、升职履历或者部门业绩，因为这些体现的更多是其过去的成绩，不能体现出下属在未来所需要的素质。

为了能够考验员工如何面对压力，不妨多观察他们是怎样处理较为棘手的人际关系、工作策略的矛盾。通过员工在矛盾中如何展现态度、选择立场、相互评判等过程,判断他们的修养和胸怀,并以此作为考核对方的依据。

当然,并非每一次矛盾的发生都会是考验员工的良好机会。一旦发现矛盾本身并没有什么意义和价值,领导者需要做的就是出面叫停矛盾,并给出最终的决策评判。虽然这很可能让正在争执的双方有所不满,但领导者可以通过鼓励和安抚,让下属感到安心,并避免进一步怀疑领导者的偏心。

第三,适当调整员工位置。

在企业内部的矛盾和纷争中,很大部分原因来自于部门和岗位之间的利益分配问题。无论是矛盾中的哪一方,所有人都会尽量维护自身所在的集体利益。

这种"本位主义"的产生,既和中国人传统的小农意识有关,也是由于双方沟通不够或对对方情况不了解、不能够站在对方角度去思考。

为了解决这样的情况,领导者可以将双方的职务加以调整,让他们能够站在更加高远的战略角度来看待自己原先的部门,从而形成更开阔的工作思维。这样,矛盾的根源有可能就会迅速消失。当然,这也要和具体工作的性质、双方特长加以结合,而不是盲目进行调整。

员工之间的矛盾的确可能破坏组织中应有的和谐局面,但领导者不应害怕与回避。正如金庸在《笑傲江湖》中所写道的:"有人就有江湖。"没有内部矛盾的企业,无法成为出色的企业,而不擅长利用和消解矛盾的领导者,也无法成为杰出的领导者。

06 领导者只需要下命令即可

领导企业发展,常常被比喻为领军作战。因此,领导者大多十分向往这样一种领导方式:一声令下、全军出击。为了实现这一目标,很多领导者强调命令的无条件执行,即领导者负责下命令,下属负责执行。

然而,企业员工并非机器人,他们有着自己的主观能动性——这也是员工创造力的重要来源。如果下属根本不理解,或是不认可领导者的命令呢?这种领导

打造你的领导力
——从"管人"到"管全局"的突破

者只需下命令的做法,也就难以产生领导者期待的效果,即使看似"全军出击",但内里却是"一盘散沙"。

从心理学上来看,当一个人在尚未理解命令内容的情况下,受到强制性的要求,很容易产生逆反效应。即便是同样的命令内容,在员工自愿去做和被强制去做的情况下,效果会相差很远,后者显然会让他们降低原有的工作效率。

从文化传统上来看,中国就是典型的大陆农业社会,国人以个体和家族的利益为基础,其后才会顾及到社会和国家利益。因此,在明清之前的皇帝,实际上能命令的,也只是那些和皇室存在利益相关的官宦豪族,借助他们的力量促使国家机器运转。与此同时,地方势力更是凭借其错综复杂的家族关系,加上宗族内部的协商和裁决制度,掌控着广袤的社会基层力量。

无论是心理因素还是文化因素,都影响着中小企业的现状,领导者直接对员工下达命令,从而忽略了沟通的作用,最终导致企业效率低下。但与此相反,如果领导者懂得如何使用沟通的艺术,就会得到员工行之有效的执行力,企业也会日新月异。可见,无论是下命令还是沟通,都需要领导者懂得在尊重企业和员工的基础上进行适当变通,懂得如何通过协调去进行变通。

与儒家所谓"君君臣臣父父子子"的僵化体制不同,老子并不主张居上位者的所谓尊严和神圣,而是强调领导者采取迂回方式,可以"居上谦下"。为此他这样写道:"江海所以能为百谷王者,以其善下之,故能为百谷王。是以欲上民,必以言下之,欲先民,必以身后之。是以圣人处上而民不重,处前而民不害。"这段话的意思是说,江海之所以能够成为溪谷的领袖,是因为它们能够处于溪谷的下游。同样,领导者若希望引领民众,必须要学会怎样放低姿态同他们对话;若希望领导民众,必须要知道如何将自己的位置放在他们后面。这样,当圣人处于领导位置时,民众不会感觉是负担,而处于前面时,他们也不会认为有害。

遵照这样的哲学原理,领导者将成功地引导整个企业,让员工习惯于跟随决策。当领导者以商量的口吻来和员工进行沟通时,表现出了对员工的尊重,员工会感到自己类似于企业的合伙人角色,这样他们将非常乐意说出意见。当企业形成这样的风气之后,就能够做到集思广益,员工的工作积极性也会就此提高。

第一章
领导者面对的 6 个领导力误区

松下幸之助非常推崇东方的领导思想哲学，他管理着庞大的公司，但一般情况下，当他想要对下属发布指示或者命令时，总是会采取商量的口吻："这件事情，我是这样想的，你的意见呢？"或者说："说说看，你对这件事情是怎样考虑的。"那些资历比较浅的员工，一开始并不知道怎么说，但他们很快发现，董事长对自己很尊重，真的希望知道自己的意见，甚至还为此准备了笔记本来加以记录。于是，他们也就开始认真地思考和发表看法。

松下幸之助认为，单纯地发布命令，只能取得表面上的效果。相反，如果在命令之前先进行商量式的沟通，不仅能够拉近领导和员工的距离，也能够预先将命令内容渗透给员工。这样，组织会具备更多活力，领导工作也更加顺利。

领导者不要指望向员工发出命令之后，他们就马上如同士兵那样去完成指令。须知，由普通人组成的企业和经过严酷训练的军队不同，虽然在企业中下达命令是必要的，但领导者更应该用商量的口吻来对命令加以整合和包装。

领导者沟通的三个方式如图 1-8 所示。

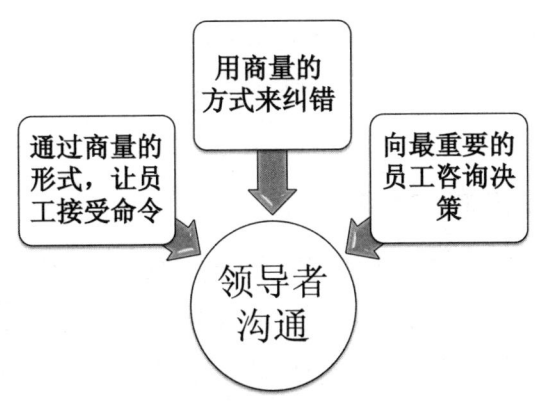

图 1-8　领导者沟通的三个方式

第一，通过商量的形式，让员工接受命令。

即使领导者想要推广的是硬性决策，也不适合总是用单纯命令形式进行。反之，领导者可以采取商量的方式，让下属将心中的想法说出来。如果发现下属所表达的意见中存在有益成分，不妨直接说出采纳方式。这样，下属会感到自己的想法或意见被采用，决策本身也有了他们的主观意志，所分配的工作也就更加接近其"自己的事情"。由于商量过程中他们也作出了表态、进行了承诺，自然会更好地完成工作。

第二，用商量的方式来纠错。

"人非圣贤，孰能无过。"员工也是普通人，很可能在工作中出现某些错误。对于那些并没有造成严重后果的错误，领导者在准备指出之前，最好先将批评、指责变为商量。

往往员工犯错后都不愿意被同事或客户得知，但一旦领导者采取强制性的命令要求其曝光，他们很容易感到难堪和愤怒。为了避免这种情况出现，必要时，领导者应该通过商量的形式，暗示自己已经知道其错误，希望加以改正。由此造成的压力足以让员工深思，吸取经验教训。

成熟的领导者经常会找下属这样探讨纠错："我想和你谈谈最近你工作状态的问题。"或说："我觉得你这样的做法不妥。"这样的沟通方式首先确定了问题只是局部范围，其次在话语中含有商量的口吻。相反，如果说："你最近怎么回事？""你真是喜欢自作主张啊！"即便领导者出于好意，但在接受方看来，也是难以忍受的。

第三，向重要的员工咨询决策。

在企业内，领导者下达决策之前的行为将直接影响后续的执行力度。若仅由领导者和少数高管简单地形成决策，然后公布并下令执行的流程是一种错误的决策流程。因为这样的方式会导致大多数人并不了解决策出台的前后背景，既谈不上理解，也不会迅速找准执行方向。

相对于这样的做法，领导者不妨在出台决策之前的不同阶段，邀请企业内不同层次、不同级别的重要员工进行咨询。由于这些重要的员工分别肩负关键性的岗位使命，对他们提出的意见经过整体吸收，会对领导者掌控企业情况的全貌，具有更大的参考价值。

02 第二章
领导者的 8 个资质

打造你的领导力
——从"管人"到"管全局"的突破

01　第一个资质：使命感

企业经营的目的是什么？领导者的领导目标又是什么？如果领导者的答案只是简单的营利，那么企业也将由此陷入平庸，难以取得更大成就。事实上，只有在伟大使命感的激励下，企业组织的各个单元才能协同运作，创造一个又一个堪称奇迹的成绩。

指甲钳是我们日常生活中必不可少的清洁工具。在过去，我们还是用小剪刀来剪指甲，可是，随着指甲钳进入市场，我们不得不惊呼："这发明太天才了！"

但是，到底是谁发明了指甲钳，又是谁将指甲钳发扬光大的呢？

梁伯强被誉为"中国指甲钳大王"。当指甲钳刚进入市场时，很多企业家都不愿意经营它，嫌它利润太低，小企业想进入这个市场却又缺乏必备的能力。梁伯强则不同，他经营的指甲钳公司成为了中国第一、世界第三。"二片式指甲钳"是他发明创造出来的，"中国指甲钳行业标准"是他参与制订的，那么。他到底是怎样带领员工走向成功的呢？

从产生经营指甲钳的念头开始，梁伯强就开始自费到全球市场上去进行调查，并立志成为"世界指甲钳之王"。梁伯强用行动告诉我们，"你想成为什么样的人，你就能成为什么的人"。而他的员工也追随着他不惜一切地努力工作着。

梁伯强的技术投资之大，让人咋舌。公司成立之初，他就设立了超高标准的测检中心和研发中心，积极收集全球技术信息和竞争产品信息；业内的技术人才都被他重金收入旗下，大型经销商也都被他的让利所吸引；而参与行业标准的制订，使他的指甲钳可以更容易成为行业领导产品。

对于梁伯强要成为"世界指甲钳之王"的目标，国内其他指甲钳公司都嗤之以鼻，企业员工最初也不置可否。可当他的公司成为中国第一时，大家才开始真正相信，这个小个子的男人是真的有能力征服世界，员工也开始以最大的热情为此努力工作。

第二章
领导者的8个资质

如非"世界指甲钳之王"的使命感,梁伯强又如何能够敢于投入如此庞大的科研资源?业内技术人才又如何会纷纷投奔?

正如孟子在谈及自己的政治抱负时所说:"夫天未欲平治天下也,如欲平治天下,当今之世,舍我其谁也!"即除非上天还不想平治天下,上天若想要平治天下的话,那么当今之世,除了我之外还有谁足以当此重任呢?

只有在这种"舍我其谁"的使命感驱使下,领导者才能采取更加积极的行动,企业员工的积极性才能由此被调动,整个团队也因而进入一种自动自发的工作状态。

使命感是领导者最重要的资质,也是其领导力的重要源泉。也正是使命感,才能让领导者与企业在面对诸多困难与险境时,能够产生一种强大的内在驱动力,驱动企业不断突破现状,走向成功。

第一,使命感源自强烈的信念。

使命感其实是一个人在世界上的定位,即其对社会的承诺。如艺术家的使命是创造美好,教育家的使命是教育真理,领导者也应明确自己的使命。但使命其实是一种自主的选择,容不得任何虚情假意,更非外部强加。

因此,领导者的内心必须存在强烈的信念。这种信念推动着人们追逐崇高的人生目标,进而外化呈现为领导者的使命感特质。

在儒家传统文化的语境下,人生目标的升华在于格物致知、诚意正心,以此修身,进而齐家,最终平天下。

而在企业组织文化的语境下,每位领导者都要扪心自问:我要做什么样的人?我要什么样的未来?我对家人、社会、组织负有什么样的责任?我要怎样度过我的一生?

第二,使命感发挥作用需要获得认同。

只有当领导者的使命感得到组织认同时,企业员工才能发挥主观能动性,进而推动使命的实现。正如梁伯强关于"世界指甲钳之王"的使命感,如果没有企业员工的认同,他的梦想也难以成为现实。

很多人会将激励看作一种"煽动",而使命感往往能够产生最佳的"煽动"效果。领导者必须学会用鼓舞人心的话语激发员工的工作热情,用振奋人心的消息打造员工的工作信心。

让员工相信前景是光明的,并不是让领导者给员工画饼,而是制订出一套实现使命的系统制度,明确方向、确认目标、协同努力。这就要求领导者积极与员工进行深入切实的交流,不是去"煽动",也不是去宣传,而是实事求是地告诉员工其工作价值所在,以双向沟通实现互相认同。

02 第二个资质:自信心

"胜人者有力,自胜者强。"老子用这句最朴实的话,为后世的领导者揭示出一个真理:想要战胜企业发展中的种种困难,不仅需要领导者具有非凡的个人能力和魅力,还要有强大的内心力量战胜恐惧和疑惑,具有超于常人的自信心,有了这样的自信,才能真正做到战无不胜。

如今,许多企业领导者越来越意识到自信心对于领导力的重要性。当自信心融入其血液和灵魂之后,就会像老子所描述的那样"自胜者强",为其带来成功和强大的光辉。当领导者拥有这种对自我和下属的信任感之后,其内在的力量感,就会通过其日常外表、言谈举止乃至表情所展示,从而潜移默化地改变每个员工对企业的看法,用无可代替的感染力构建成企业文化的一部分。反之,那些缺乏自信的领导者,即使西装革履、故作严厉,他们传达出的却始终是难以依赖的软弱。尤其是当外界环境发生改变,产生消极影响时,领导者的焦虑会不由自主地向组织传递,引起企业整体战斗力的下降。

正如著名的管理学者本尼斯所说:"本质上,成为领导者与成为自己是一个意思。这的确非常简单,也的确非常困难。"[1] 所谓成为你自己,意味着一个人必须成为个人生活的塑造者和主宰者,而不是依靠家庭、朋友、学校和社会来完全掌

---

[1] [美]沃伦·本尼斯. 成为领导者[M]. 浙江人民出版社,2016.

控个人行事的方向。换言之，如果一个人对如何做好自己都毫无信心，又能如何去带领一个组织前进？

企业家想要拥有充分的自信心，需要做到以下四点。

第一，追求更内在的个人愿景和热爱。

领导者在刚刚事业起步时或许曾问过自己：为什么我要如此努力？许多人想到的答案，或许是管理企业所能带来的成就感，或者是金钱上的回报。但如果领导者想有更多的自信，就要更加充分地认识自己，树立更加内在的个人愿景并产生热爱感。

个人愿景同外在的目标不同，它往往是不可量化的（见图2-1）。

图2-1 个人愿景的表现形式

例如，领导者可以将自己的目标设定为拥有多大规模的企业，多少可以上市流通的股票期权，或者推出多少令市场欣喜的产品等。但内在的目标则是领导者心中期望自己可以成为怎样的人，拥有怎样的生活和心理状态。相比外在目的，这样的个人愿景能够帮助企业领导者更好地面对深层次的自我动机，即自己想要有怎样的个人价值和社会评价，想要身处怎样的工作环境中，想要与家人分享怎样的荣誉……通过明确这些，领导者会有更多的理由去积极发现自己和相信自己。

第二，坚持本色和风格。

领导者在工作原则上都有其相同之处，但受其个人能力特点的影响，他们的工作风格注定不同。例如，一些领导者相当强硬，另一些则谦卑平和；一些能力过人，另一些则才华平庸。但个人特点的迥异，并不妨碍他们对领导艺术的学习和掌握，进而形成各自的领导风格。企业家并不需要模仿所谓标准的"领导力特质"，而是在认识和接受自身特点的情况下，继续坚持做好自己，并取得相应的成果。

第三，懂得等待的重要性。

领导者在企业管理中作出不同选择之后，固然期待马上就看到满意的结果。但另一方面，他们也需要了解坚守和等待的重要性。如果领导者认定某些事情是对的，就要坚持做下去，不要一味地追求速度，希望投入之后就要立刻见到成效。

例如，当企业发展到一定程度时，领导者的专业知识和技术经验就会成为整个企业发展的瓶颈。即便如此，领导者也应该作出榜样，积极参加培训，通过学习和研讨来接受新知识。同时，他们还要给老员工一些时间去积极充电，而不是急不可待地马上招来新人填补空缺。

只有懂得等待之后才能看到变化，领导者在投资人或者商业合作伙伴面前才会充满自信，也能就相关问题从容不迫地给员工们进行答疑，平复他们的焦急心情。

第四，不要在员工面前流露出担心。

领导者对竞争对手和市场的关心是必然的，但如果总在担心竞争对手则是另一回事了。这种担心一旦流露出来，就会引起下属员工最大程度的惶恐和担心。因此，聪明的领导者不会流露出这种担心，而是审时度势，正确观察竞争对手并捕捉机会。

此外，积极的领导者还会重视公开沟通的机会。他们会积极参加各种社交场合的活动、发表公开演讲等。这样既能为企业带来更好的展示机会，同时也能提升自信心，并让员工从中汲取到足够的精神动力。

03　第三个资质：尊重心

在西方，领导力学说发轫于企业管理理论，该理论共经过四次变革。

第一次变革，从经验管理走向科学管理。泰罗制管理模式将雇佣工人看作精准的机器人加以计算，它的出现标志着管理科学的正式产生。

第二次变革，将雇佣人员作为经济人看待。管理开始以市场为中心，注重采取更多物质激励的手法去调动员工积极性。

第三次变革，企业职业经理人出现。作为社会人，他们有可能成为股东而同企业长远利益捆绑。

上述三次变革，都是基于程序化的管理模式，员工在其中没有被看作"自然人"。但伴随着信息时代的到来，催生了企业管理理论的第四次变革——将员工作为人来看待。员工不再是"机器人"，也不可能仅仅扮演经理人、社会人，在互联网的大背景下，每个人真正成为社会的一个单独细胞、单独节点，因此，员工必须被看作全方位、立体而独立的"人"。

企业管理理论的第四次变革对领导者提出了更高的要求。领导者应将每位员工都放在最能体现其个人能力特点的环境中，并且拥有作为人的工作自主权、选择权、调整权和创新权。将员工视为独立的人，最终能够让领导者采取一种领导力模式从而适应不同情况的市场环境——因为员工会作为"人"而自行调整。

西方企业所经历的管理模式变革历程，无疑证明了员工作为"人"的因素越来越被重视。英国《金融时报》对世界五百强企业的CEO作出调查，结果显示：无论一个人是否具有足够的才能，如果他自身没有得到应有的尊重，是不可能充分发挥其所有的才智来为企业服务的。只有他得到了情感和心灵上的满足，才能自由地发挥其能力。

打造你的领导力
——从"管人"到"管全局"的突破

这也印证了老子学说对领导力之道的揭示——人法地，地法天，天法道，道法自然。在老子思想中，人是世界上最可宝贵的精华，是"道"的具体表现，领导者如果不尊重下属，那么下属眼中也不会有他的价值存在。

尊重每一个人，应该成为企业文化必然拥有的主题。领导者应从对员工的尊重出发，综合多种因素，赋予整个组织更强大的生命力。其中包括企业的组织结构、体制设计、企业文化和价值准则等。这些因素应该相互配合与强化，让那些真正尊重人的企业，在资源较少、机会不佳的情况下，也有可能实现迅速成长。

事实上，近年来中小企业所遭遇的用工荒、用工难等问题越来越严重。其实市场本身早就提出了尊重员工的现实要求，一些聪明的领导者，早已开始反思和调整对待员工的方式。

台州市路桥区欧路莎股份有限公司的董事长林华友，每周一上午都会尽量提前半小时，带着公司的六名高管，衣着整齐地列队站在公司大门口两边，向前来上班的五百多名员工鞠躬问早上好。虽然有人对此议论纷纷，觉得影响了企业领导者的身份和尊严，但更多人认为，这是一种传统礼仪，拉近了老板和员工之间的关系。一些公司的新员工，在看到老板真诚地向员工鞠躬时，内心感到非常温暖。

对此，员工有了更大的发言权，因为这家年产值数亿元的公司，并没有因为"不愁招人"而将他们看作单纯资源。在这里，他们感受到了家庭般的温暖。

无独有偶。宁波阿帕奇机械有限公司总经理罗国定，每年春节长假后上班的第一天，同样也会带领企业的中高层管理人员站在企业门口，迎接所有新老员工的到来。当员工们经过企业门口时，罗国定会九十度鞠躬，送上新年的问候和祝福。这样的习惯，罗国定并不是近年来才养成的，从2008年开始，他就在春节长假后鞠躬欢迎员工。在平时，他也将员工当作自己的家里人，并用实际行动影响到公司的管理层。

对此，罗国定自己却看得很简单："老板向员工鞠躬，这很正常，也很自然。

第二章
领导者的 8 个资质

没有这些员工,就没有公司的今天。过了个春节,他们从老家回到厂里,来到组织的家里,我作为家长,当然要欢迎他们。"除了用鞠躬表现尊重,这家公司还会向员工发放福利,包括每年年底,为员工七十岁以上的父母发放两百元红包等。

企业想要做大做强,企业领导者必须要懂得重新认识员工,尊重员工。这样员工才会发自内心地团结在一起,形成战斗力。优秀的领导者能够激发员工控制自身命运的能力,懂得鼓励员工去追求更有意义的生活,实现个人价值,获得尊严。领导者应该能够运用这种尊重,引导普通而平凡的员工成为工作乃至生活中的强者。

为此,领导者需要做到以下几点(见图 2-2)。

图 2-2 领导者尊重员工的表现形式

第一,管理手段不能侵犯员工尊严。

企业中的每个人都需要受到充分尊重,而并非根据职位高低来加以区别对待。无论是企业中的总经理、副总经理、部门经理,还是一线员工,在企业中都需要受到一视同仁的尊重。虽然他们每个人对企业的贡献大小不同,但领导者不能无

打造你的领导力
——从"管人"到"管全局"的突破

视其中某些群体或个体的尊严,更不能采取不同的方式区别对待,而是应该给以同样合理的待遇。

第二,信任员工,给予空间。

在丰田公司,QCC活动被大范围推广。QCC是英文Quality Control Circles的缩写,被译为"品管圈"。其特点是由基层员工组成的小组,通过适当的训练及引导,使小组能通过定期的会议,去发掘、分析及解决与日常工作有关的问题。生产线上的员工相互帮助,共同解决工作问题。而在谷歌和3M这些公司,则允许技术骨干力量拿出一部分工作时间,进行自身爱好项目的研究。这些企业没有将员工看作机器上的零件,而是允许他们有充分的空间去发展自身的特长。随之而来的,则是所有员工整体面貌的改变,并因此收到了意想不到的效果。

领导者要清楚地认识到,自己同下属并没有绝对的不同,除了个人财富、事业的差别之外,双方都是社会中拥有自由选择权利的主体。企业可以自由选择员工,员工也可以自由选择企业。作为领导者,不能有"我养活了员工"这种高高在上的心态,反而要帮助员工去消除自卑心态。当员工认识到自己也是企业的主人时,他们才会更有认同感,更愿意配合整个团队工作。

第三,打造服务型领导力。

服务型领导力是指领导者首先要具有一颗想要为企业服务的心,能够以服务为基础进行领导,其次才能激发员工想要追随的愿望。

服务型领导力充满了对员工的尊重,领导者需要善于倾听员工的表达,积极了解他们的想法。正如老子所说的那样:"圣人无常心,以百姓心为心。"企业领导要用心去了解和尊重下属的成长环境、文化背景、家庭教育,为他们创造条件,让他们尽可能地按照自身想法去工作,追求属于自我和集体共同成长的空间。

04　第四个资质：目标心

员工达到怎样的工作状态，才算企业家领导有方？相信大多数领导者心中都有如下的目标：勤奋、努力、高度合作、充分创新、愿意奉献、不计个人名利等。当员工具备这些特点之后，才能证明企业组织的能力和思想高度，而这个高度又折射出领导力的高超。

理想虽然丰满，但是事实却很骨感。很多领导者在努力引导员工的同时，承受了太多压力，内心缺乏激情，他们开始怀疑自己究竟是否能够拥有那种理想的员工。大多数情况下他们似乎只是看到员工的负面表现——内部斗争、违反纪律或者置身事外，而这些表现通常又会进一步刺痛领导者，让他们失去希望。

试想，在追求领导力提升的道路上，一旦领导者的心中没有了期待，放弃了目标，不断地抱怨，又怎么会有良好的领导状态。1506年，王阳明因反对宦官刘瑾，被谪贬至贵州龙场（今贵州修文县）。面对着原始丛林，他突然想到了能够有效提升自我、升华境界的方法：不是像朱熹曾经提倡的那样"去外界求取"，而是要从内心去求得真正的人生价值。

王阳明所开创的哲学，就是中国历史上著名的"心学"。"心学"看似玄奥，其实正是中华民族传统哲学中最精华的部分。它告诉我们，无论是生活中还是工作中，所有需要解决的问题其实都和内心、期望、目标有关。

因此，当企业领导者在潜意识中已经不再期盼看到员工的改变，认定员工没有上升的空间时，会直接作出激发员工消极情绪的行为，最终导致组织失去前景与未来。好的领导者会不断地赞扬下属，对员工报以期许，为员工树立与企业使命相符的目标。他们发自内心地希望员工在工作中感到快乐和充实，希望员工在企业中的价值能够持续提升。那些最富有魅力的领导者不会将目光集中在如何"开发"员工上，而会真诚地向员工表达关怀之情，希望员工能够借此获得潜力的开发和个人的成长。

面对这样的积极态度，员工迟早会"长大"。他们将意识到自己并非是附着于企业之上的；他们会因为领导者给出的殷切期待与关心，而认识到双方之间是平

打造你的领导力
——从"管人"到"管全局"的突破

等并息息相关的；他们会领悟到只有个人发挥出潜力，企业才能受益，只有企业进步，个人才能提升。

在中小企业内看似平常的岗位上，也有很多能力出众、内心强大的员工，他们更希望承载期待和面对挑战。当领导者给出相应的期望之后，他们就会树立超越普通人的目标，其潜能也会相应释放，最终成绩斐然。

1980年，查尔斯·西蒙伊进入了微软公司。之前，西蒙伊在硅谷已经有了不错的成绩，他原本以为自己在微软的工作不会有什么困难。但当他面对盖茨所给出的工作时，他看到了公司对他的高期望。盖茨要求他领导电子表格程序、贸易图表显示程序和数据库应用程序软件的开发工作。

众所周知，这些项目都是微软的重点工作，交给刚进入公司的西蒙伊，无疑是盖茨对他的巨大期望。在这样的期望下，西蒙伊最终完成了项目，挑战了自我，为微软作出了不可替代的贡献。

同样成功的例子也发生在史蒂夫·鲍尔默的身上。1981年，微软开始开发Windows操作系统。当时负责开发的是鲍尔默，盖茨告诉他，如果系统不能在1985年年初上市销售，他就得引咎辞职。通过压力形式传递出的期望，让鲍尔默倍感动力。1984年11月，Window3.0如期推向市场，产品一炮打响，而鲍尔默最终也名声鹊起，成为了微软的总裁。

能够进入微软担任高管，其能力、名声和财富无疑已经达到了常人所无法企及的高度。但比尔·盖茨依然可以用高期望去促使这些精英为企业添砖加瓦。传统的中国领导文化很经典地诠释了上述现象，那就是让员工始终保持"饥饿感"，告诉他们更高的要求和挑战，这样，他们就会越发激励自己不断向前。

如何有效地形成和传递自己的更高期望，为员工树立更远大的目标呢？如图2-3所示，即为帮助员工建立目标的三种方法。

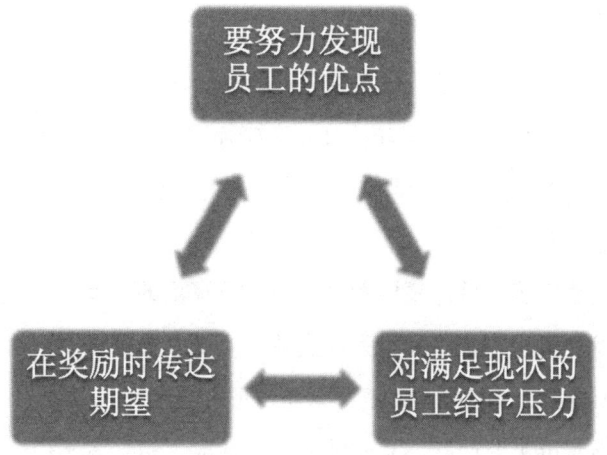

图 2-3　帮助员工建立目标

第一，要努力发现员工的优点。

如果领导者对员工始终无法产生较高期望时，除了在员工身上找原因之外，还要以积极的态度从不同的角度观察员工的日常表现。这样，领导者眼中的员工将会变得更加立体，他们身上原本被隐藏的优点会被挖掘出来。伴随着这种了解的深入和全面化，领导者的心态也会随之改变，并点燃对员工的希冀之火。

第二，在奖励时传达期望。

对于那些本身就缺乏自信的员工，领导者要懂得在奖励时传达期望。

例如，在员工获得提升、加薪时，既要承认他们之前作出的业绩，也要以更高的职位和待遇去真诚地"引诱"员工，表达出你相信他们愿意继续付出努力。即使给员工的奖励只是几句表扬，或者在会议上的一个眼神和微笑，都应该传递出希望他们好好表现的关怀之意。

这种包含在奖励中的期待感，对于中国人来说是相当重要的，它来自于传统文化中家庭情感的延续，并折射出每个人在社会中的角色心态。一旦领导者能够用"奖励式期待"满足员工，员工就会本着"士为知己者死"的情感予以回报。

第三，对满足现状的员工给予压力。

另一种常见的情况是，那些已经为企业作出一定贡献的员工，常常有可能满足于现状，不愿继续挖掘自身潜力。面对这种员工，领导者要不断地向他们提出新要求，让他们看到后起之秀的追逐，也要为他们分析目前企业竞争对手的状态，让他们产生一定的恐慌感。

在成功营造恐慌感之后，领导者可以用严肃郑重的态度，向员工表明：除非他们能够继续挖掘潜力，否则其个人和企业都会面临更加困难的局面。此时，期望和压力将会形成合力，促使员工清醒认识情形并继续努力。

当然，传递对员工的期待，需要掌握一定的度，领导者不应该用过高的期待去加重员工的负担。但以期待感来调整自身领导心态和行为，效果往往则是立竿见影的。

05 第五个资质：赏识心

领导者不仅要学会用人，更重要的是懂得识人。

《列子》是道家重要的典籍，受老子的哲学思想影响很深，其中记载了下面的"识人"寓言。

秦穆公对相马大师伯乐说："你年纪大了，请问你的家族中还有擅长相马的吗？"

伯乐回答："天下相马的名士虽多，但堪称绝伦的已经寥寥无几。有一个和我一起担柴卖菜的人，名叫九方皋。他的相马之术不在我之下。"

于是，秦穆公招来了九方皋，并请他去求名马。三个月之后，九方皋回禀说，已经找到了一匹黄色雌马。

秦穆公派人将马带回，却是一匹黑色的公马。秦穆公很是生气，质问伯乐说："你所推荐的人居然连马的雄雌和颜色都分不清，怎么能相马？"

第二章
领导者的8个资质

伯乐叹息说:"九方皋所看到的是本质,所谓'得其精而忘其粗,在其内而忘其外'。他看到自己所应看到的,看不到他所不需要看到的。他的本领并不只是局限于相马啊。"

秦穆公半信半疑地让人试了一下马,果然是天下难得的宝马。

这个故事的内涵并不在于讨论相马的方法,而是在阐述中国古老而深刻的哲学智慧。作为领导者,必须对整个组织的前途负责,不能只看到员工的表面特点,而是需要善于发现其内在的优点,并为我所用。

和名马不同,今天的人才是很难用单一化标准去加以衡量的。同样一位员工,若放在错误的岗位、身处不适合的环境,其工作表现和业绩会令人失望;而当他能够身处正确岗位、进入适合的环境,前途是不可限量的。领导者所应该做的,是努力将员工带入后一种状态,其中不可或缺的就是赏识能力。

赏识,远比奖励要更复杂,也更难做到。被人赏识是相当令人愉快的,但并不是每个人都懂得如何赏识别人。不少领导者认定员工和企业的关系只是利益交换,希望通过重赏来激发员工的积极性。但员工自己并不完全这样看,他们不仅需要奖励,更需要得到领导者的认可。这两者融合才称为赏识。领导者的赏识能够启发员工看到工作的意义,感到领导对其价值的肯定和能力的赞赏。

情境一:员工A工作认真,在岗位上表现不错。但一段时间后,他就失去了激情,最终离开公司。

之所以有这种情况,是因为企业领导认为既然给员工提供了良好的待遇和发展平台,员工能够有优秀的工作表现也是应该的。但对于这种"合理的表现",领导者吝于赏识。结果,员工认为自己的付出没有得到回报,丧失了热情。

情境二:领导经常拿普通员工和优秀员工做比较,要求前者能够积极学习后者并争取超越。但普通员工却大多不服气,反而将注意力放在如何挑出优秀员工的工作问题上。同时,优秀员工觉得自己背负了"木秀于林"的压力,却得不到相应的奖励补偿,于是也开始变得平庸起来。

简单的表扬并不一定会成为有效的赏识,尤其是在中国的传统社会文化下,佼佼者通常会成为众矢之的,这同领导者错误的赞赏方式不无关系。其实,让不同天资、不同能力的员工在同一个标准下比较,并不利于正确的赞赏。因此,不要总是先对员工进行比较再去赏识,而是要从每个人固有的特点出发来寻找闪光点。

情境三:员工C的业绩并不理想,于是,领导经常杀鸡儆猴。每当C出现一点问题,甚至C的同事出现问题时,C都会被拿出来在大会小会上作为反面典型批评。

在这样的氛围下,C员工越来越不愿意努力工作,最终只能被企业淘汰。

的确,任何企业都不欢迎业绩差的员工。但中小企业所面对的现实是必然有能力较差的员工存在。领导者不能拿自己的经验、能力和态度去要求和衡量下属,也不能用优秀员工的表现去要求平庸下属。对那些表现不佳的员工,领导者应学会欣赏其成长过程中表现出的点滴进步,并由此期待他们更大的进步。

为了避免上述问题的出现,领导者必须在日常工作中积极展示赏识,从而给员工更多的工作动力,具体方法如图2-4所示。

图2-4 学会赏识员工

第二章
领导者的8个资质

第一，分析清楚下属想要的赏识。

对员工的赞赏形式，很难以统一的标准进行衡量。某些员工喜欢领导者在私下谈话中给出赞赏，另一些员工则期待着自己能够在公开场合获得赏识。因此，领导者应该杜绝对员工形象的片面化认识，而是根据他们的性格逐一进行"画像"，找到他们的性格特点，再决定采取怎样的赏识表达方式。

第二，看待员工的眼光更为宽和。

员工希望得到赏识，这种赏识最好来自于对他们目前事业最有影响力的人，这就是他们期待的"伯乐"。领导者不能只看到员工形象的表面特点，否则其中必然掺杂种种负面信息干扰对其判断。事实上，很多员工的优缺点往往是共存的。例如在广大中小企业内，那些学历低的员工可能在知识储备上存在短板，但他们也可能因此有更多的学习动力，反而有更好的工作表现。

所以，不妨用宽容的眼光来看待员工，这是开启赏识心态的第一步。领导者要做到"容人之过，用人之长，记人之功，委之以任，待之以礼，施之以惠"。这样，不仅可以激发员工的积极性，还能通过领导者的个人倡导、言传身教，教会公司每个人对赏识价值的重视。

伴随示范力量的作用，赏识意识融入到了企业运作的不同环节和层面。发展企业的赏识文化，促使公司形成宽容、和谐与合作的人际关系，降低由于人际关系紧张而形成的成本损耗，提高组织整体工作效率和经济效益。

第三，正确批评，传递赏识心态。

拥有赏识心态的领导者并非不批评员工的错误之处，而是给予员工最及时和最有效的指导。这种做法成功的前提是需要选择正确的时间、地点和环境进行批评。其具体操作方法如下：

（1）先肯定员工一直以来工作中积极的一面。

（2）对其问题和缺点展开就事论事的批评，准确地指出对方做错了什么，并以精准的表达方式告诉员工你是怎么想的。

（3）停留几秒钟，制造出沉默压力，让员工能够切实感受到你的痛心。

（4）站起来，同员工握手，或者递给他一杯水，让员工能够感到你依然在支持他。当然，你还可以适当谈谈以前和员工的合作过程，以暗示你是如何器重他。

（5）和员工共同分析其错误原因，并围绕如何避免此类错误进行讨论。

（6）最后，再次向员工表明，你不满的是其工作上的问题而并非他本人。

（7）给出鼓励和支持，告诉员工你相信自己不会看错他。

这样的批评既能暴露问题，又能让员工感受到被尊重，让员工在被承认和被器重的情绪中接受批评，这样的做法会产生事半功倍的效果。尤为重要的是，采取类似的批评方法既可以有效降低被批评的员工的负面情绪，还可以确保领导者依然有正确态度去面对员工未来的表现。

06　第六个资质：合作心

古语有云："得道者多助，失道者寡助。寡助之至，亲戚畔之。多助之至，天下顺之。"古人的智慧向我们揭示了亘古不变的道理：企业的壮大过程，就是领导者受到越来越多员工的拥戴和帮助的过程。

企业内部，必须要建立起类似于友情的真诚理解和相互信任，形成相互支持与和谐稳定的工作氛围。当员工身处这样的氛围中，他们才会感到幸福和快乐，有了类似体验的员工，才会创造出令人满意的产品与服务。

领导者需要充分意识到，自己是企业气氛的发源处。企业家怎样看待员工，员工就会怎样看待企业。因此作为领导者，必须善待员工，从心底将员工看作自己的朋友，并能够真心实意地考虑到他们的利益。这样，企业的气氛才会变得和睦如家，在"和"的气氛中，运用"道"来经营企业。

在老子思想中，"和"与"道"几乎是不可分开的，《道德经》一书中，"和"与"道"的共同出现有八九次之多。老子认为，"道"本身就是"和"，"和"是宇宙和世界的总体发展趋势，自然也是人与人之间的关系的应有之道。但"和"并

第二章
领导者的8个资质

不是固有的,它起源于"不和",而解决了"不和",矛盾得以消弭,企业中领导者和员工的关系才能更加亲密,最终达成外人无法获取的默契感。

归根到底,"和"的思想体现在企业中就是"以人为本"。企业需要盈利,但长期的盈利必须建立在和谐关系基础上,尤其需要领导者和下属的充分合作。为了实现这一点,领导者与下属应该真诚地合作,打破相互隔阂满足彼此需求。

1987年,舒尔茨刚刚收购星巴克公司时,星巴克公司只有11家门店。而现在,星巴克已经在全球咖啡行业占据了垄断地位。之所以有如此迅猛的进步,是因为舒尔茨相信,公司的员工只有真正参与到企业之中,才能向顾客提供优质的服务。因此,他在星巴克导入了股权计划,所有员工都被称为合伙人,除了健康保险、职业咨询和带薪假期之外,员工们还能获得股票的优先购买权。这样的组织文化将员工提升到了和股东合作的位置上,真正成为企业的掌控者。

除了制度的改变之外,舒尔茨在星巴克推行开放、参与型的领导风格。他和高管们形成的每一项提议和决策,都确保每个层次的员工能充分了解其内容和意义。这样,员工就会对决策内容产生充分的兴趣,并积极参与到工作中来。为此,舒尔茨设计了不同的交流渠道,包括积极召开和参加会议,允许员工出谋划策、沟通想法。例如,公司每个季度定期召开一次会议,由舒尔茨亲自在视频中向员工介绍当季度的业绩、新产品和店铺等动向。随后,管理人员还会现场向员工提出问题,作出回答。这样的讨论,让整个公司气氛融洽,犹如股东们在充分交换意见。

将自己定位为员工的合作者,让舒尔茨赢得了员工的向心力。许多优秀的人才因此选择了星巴克,这家公司也因此在美国餐饮行业中保持着很低的离职率。

古代先贤孟子曾提出"民贵君轻"的思想。在他的思想中,只有"君主"(领导者)愿意以合作的身份来和"民"共同努力协作,国家的振兴才有希望,这样的领导方针才能说是"仁政"。数千年后,"现代管理之父"德鲁克也指出,管理的精髓就在于如何去邀请下属共同参与对企业的管理。可见,无论是中国传统文化,还是西方管理学的精髓,都以不同的形式表述过领导者与下属合作的重要性。

想要用正确的心态来看待和下属合作,领导者需要有下面的认识和行动。(见图2-5)

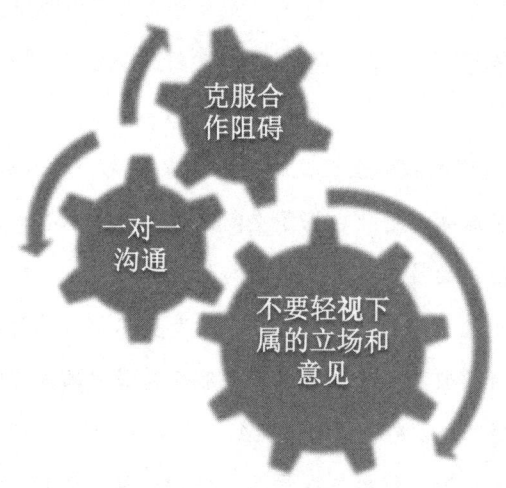

图2-5 学会和下属合作

第一,不要轻视下属的立场和意见。

以合作的心态来看待下属,就要求领导者不擅自作出决定,而是能够和相关的部门、小组或者员工进行讨论,听取他们的意见。

为了能和员工真正合作,领导者就不能过分自信,防止走上刚愎自用的极端。企业领导者是企业中最用心的人,但依然需要通过激发所有员工的主人翁意识,进而促进企业发展。当员工试图提出看法和意见时,领导者要站在他们对企业的关心的角度去分析,理解他们想要参与更多事务的积极性,进而吸收其意见和看法。这样,员工潜在的单纯积极性会被领导者激发,从而凝聚成为员工之间、员工和管理者之间主动合作的热情。

第二,克服合作阻碍。

不少领导者都曾经试图和员工进行合作,但他们却遭遇了拒绝甚至是背叛。那么,究竟有哪些阻碍导致了合作的失败?(见图2-6)

第二章
领导者的 8 个资质

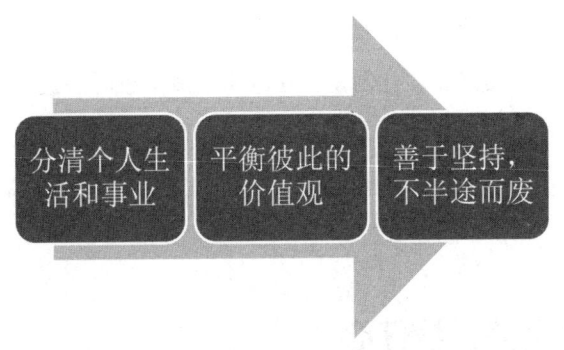

图 2-6　学会避免合作失败

首先，分清个人生活和事业。领导者对企业、产品、顾客、行业乃至市场很容易产生过于外露的使命感，尤其是经历了创业的领导者，喜欢将"我"和"企业"的概念混为一谈。在员工看来，这种领导者的个人生活和事业几乎没有什么分界线，整个公司的员工角色似乎都是他们实现理想的"棋子"，这对形成合作是相当不利的。

其次，平衡彼此的价值观。领导者有个人的价值观，但员工也有自己的价值观。领导者不可能为某个员工进行改变，而员工如果没有经过引导，也很难主动适应领导的处事风格。领导者若不去改变，就只会看到企业利益的最大化，而员工也只会注意到自己利益的最大化，这样，双方就很难投入到合作中。

再次，善于坚持，不半途而废。如果领导者在合作开始作出高姿态，但合作中途却因为种种原因而畏首畏尾，不愿意继续同员工站在一起，员工将会认定领导者的合作邀请是虚伪的，即使他们在表面上没有异议，但背地里却在寻找机会进行补偿或报复。对企业来说，这是相当危险的。

想要真正与员工合作起来，领导者必须要能同员工均衡利益，并始终坚持同样的态度，遵守同样的承诺。这样，上述的合作阻碍才会得以消除。

第三，一对一沟通。

不少企业的领导者喜欢找整个部门或不同部门的员工开会讨论，看上去有着很强的聚合性，但单纯采用这种集体沟通的方式，并不利于建立合作互信的关系。

相对来说，采取一对一的沟通，能够更加灵活地调整好领导者的心态，也可以相应地影响到员工。尤其需要注意的是，在网络上或下班时间进行沟通，例如拜访客户的路途上，或者公司集体活动的过程中，抓住机会和重点员工一对一地进行交流沟通，彼此之间就很容易找到共同点，从而形成融洽的上下级关系。

07 第七个资质：信任心

授权，是组织发展到一定程度之后必然产生的领导模式。但历史上，相当多的领导者虽然才华过人，却不愿主动授权，导致事业陷入失败。究其原因，更多的问题出现在心理层面——缺乏信任心。

三国时代，诸葛亮的政治才能不可谓不突出。他身在草庐之中，就已经预测出未来天下鼎足三分的战略态势，并亲自制订和参与实施了刘备集团从弱小走向强大的计划。然而，当整个局面得到稳定、领导范围变大之后，诸葛亮依然保持原有工作方式，他日理万机、事必躬亲，甚至亲自校对文件、图书、账册等。如此心理，不仅导致自己因操劳过度得不到良好休息而影响工作效率，也让蜀国的文官集团没有得到积极的培养、发掘和锻炼。最终，诸葛亮只能在"出师未捷身先死，长使英雄泪满襟"的遗憾下，以个人生命的终结，见证整个蜀汉集团从此走向没落和灭亡。

虽然蜀汉集团的失败有多种原因，但和诸葛亮内心看重刘备所交付的使命，而不愿假手于人、轻易授权有重大关系。如果从更深层次的"办公室政治"角度来分析，作为荆州士族集团出身的诸葛亮，在面对蜀汉集团的下属时，也并非毫无顾忌，他在心理上始终存有疑虑而不愿分权。如果诸葛亮能够将众多琐碎的事情进行合并，将之授权给不同的下属分头处理，自己专心致力于北伐，那么三国时期的历史很可能被改写。

由古知今，有效授权是现代企业领导活动不可或缺的组成部分。现实中，一些中小企业的领导者对此并没有清醒的认识，造成组织工作效率低下。

第二章
领导者的8个资质

想要克服这种不愿授权的毛病,领导者首先要从心理上主动认识和调节开始,破解不愿意授权的原因(见图2-7)。

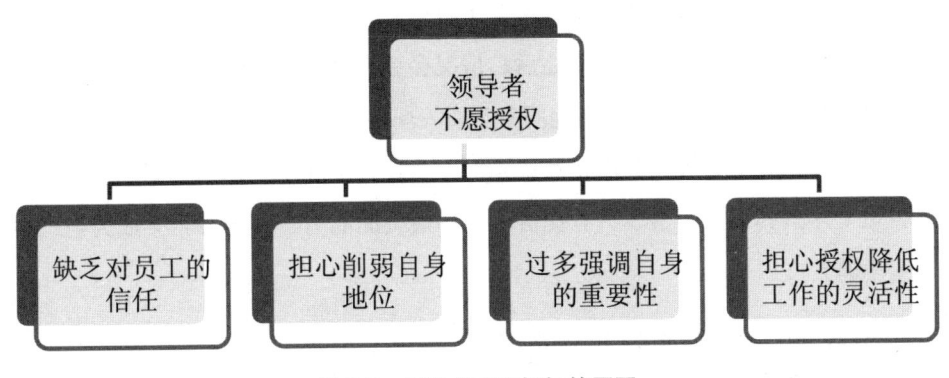

图 2-7　领导者不愿授权的原因

第一,缺乏对员工的信任。

尽管很多领导者为了激励下属会表现出信任,但在具体工作中他们总是会放心不下。他们不断地过问下属如何进行工作,有时还会直接插手具体工作。在领导者的潜意识中,他们认定下属总是不够成熟,无法放手。

这种担心或许的确有其道理,但一味地怀疑下属并没有实际价值。领导者应该多问问自己,是否对员工进行了足够培训,给予了充分的锻炼机会,然后再挑选那些重要的员工进行探索式的授权。事实证明,只有通过展现信任、给予鼓励和积极培养,员工才会变得让人放心,领导者的心病才会根治。

第二,担心削弱自身地位。

大权旁落,是每个领导者都极力避免的情况。领导者担心如果将自己的权力授予他人,会影响自己在组织中的重要性,从而削弱身处企业中的价值。然而,这样的担心是可以克服的。当员工在授权过程中,学会更加积极主动地处理问题,才能获得更为高效的工作能力。这样,领导者的威信会伴随集体能力的增加而更加巩固。

第三，过多强调自身的重要性。

人们经常说，越能干的父母，往往教出懒惰的孩子。同样，过于"能干"的领导者，往往其下属表现出的不是不能干，而是低效。尤其当领导者产生"企业什么事情都不能没有我"的错觉之后，情况会更加严重。因为员工乐于看到领导者随时冲在前面，承担责任，而他们只需要表现得毫无办法就行。

技术出身的领导者尤其需要意识到，无论自己掌握多少知识、拥有怎样的经验，员工才是其最大财富。只有让员工发挥最大的能力，领导者才会成为组织中最重要的人。

第四，担心授权降低工作的灵活性。

某一件工作的运作过程中，如果领导者选择亲力亲为，确实有加强灵活性的便利。然而，领导者在大部分时间必须面对整个企业，这就不可能再依靠个人操作来达到灵活的效果。

其实，领导者并不需要担心授权会影响企业整体工作的灵活性。因为选择了正确的授权对象后，将工作分派给员工，就能让自己从更高层面来对全局加以观察和判断。领导者的战略思路将会因此而更加灵活，也会有更多时间与精力来对重要问题和突发性事件加以处理。在员工学会了接受授权之后，他们的思维自然不会呆板被动。从总体上看，授权对于提高组织成员的灵活性是有益而无害的。

当领导者基于信任，给予企业员工充分授权，领导者不仅可以得到员工的充分认可，也可以在"无为而治"中激发员工更多的积极性。

"无为"，是道家文化中追求的天地至高的境界。无论是生活还是求学，能够真正做到"无为"的人，才能达到有为的成效。同样，领导者的最高境界也是"无为而治"。

"无为而治"并非意味着碌碌无为，而是代表了领导者的最高智慧。在《管子》书中对此加以发扬，提出"人君"应该"无为"，而群臣需要各尽其职来实现"有为"。如果人君不能让群臣"有为"，也就做不到"无为"。

从今天的现实来看,"无为而治"是相当符合人性实际和组织发展的领导思想的。"无为"要求领导者能够善于抓大事,那些常规性、具体的工作则应该加以分配,授权给下属去做。这样,整个组织的分工协作体系就能清晰明确,不同部门的工作都能安排得井井有条,并取得最佳效果。这样,才能达到"无为而无不为"。

可以说,在当下,"无为而治,道法自然"的企业管理模式,不但领导者个人能从中受益,而且也能让整个企业更为顺应客观规律,尊重社会经济发展的规律,并因此走向成功。

凡是那些已经取得了非凡成就的领导者,几乎无一不是"无为而治"思想的信奉者和践行者。

"无为而治"不能只是领导者个人的追求,只有成为整个企业的追求,其思想才能得以长久体现。领导者只有意识到这一点,积极着手建立相关制度保障,确保企业能够拥有整套规章体系,才是企业持续发展的动力源泉。因为制度往往具备更高的可信度。

通过建立自主管理机制,企业应该逐步依靠程序化、规范化的流程,来对每个岗位、每个部门的工作进行引导。例如,企业领导者不需要自己去发现基层人才,去观察普通员工或者考察他们的能力,而是从一开始就在各个部门之间协调和建立发现和培养人才的机制,并让这样的机制源源不断地为企业贡献出值得信任的人才。

08　第八个资质:共情心

每位领导者都期待企业的成长和个人的进步,希望通过企业发展实现个人成就。在企业走向成功的进程中,确实离不开领导者的个人业绩,但如果他们将业绩当成财富加以独占,却很容易因此而疏远员工。很多领导者对此感到不解。

其实,与领导者一样,每位员工也期待在企业发展中实现个人价值,如果

打造你的领导力
——从"管人"到"管全局"的突破

所有的成就都被领导者独占，那员工自然会不愿与之共事。反之，当领导者意识到所有的业绩其实都离不开组织个体时，他们会在心理上拉近同下属的距离。

《道德经》中这样谈功绩："是以圣人处无为之事，行不言之教；万物作而弗始，生而弗有，为而弗恃，功成而弗居。"

这段话的意思是指，领导者用"无为"的自然法则来对待事情，用非语言的教化来影响别人。这就像自然界对于万物那样，按照规律生长发展，自然界滋养万物并不干涉，抚育万物而不夸傲，成就了功勋却不独占。

想要看到企业业绩不断进步，即使是领导者，也不能将整个企业的资源和利益全部都占为己有。懂得如何分享的领导者无论是做人还是做事，都要怀着分享的心理去面对成绩和利益，才有资格获得他人的追随。当能够和领导者分享的员工越来越多，意味着你回馈给他们的也越来越多，又何愁没有员工继续追随你竖起的旗帜？

这其实就是共情心在发挥作用。共情心，也就是同理心，是一种设身处地体验他人处境，从而感受并理解他人情感的能力。当领导者设身处地为员工着想时，也就不会号召员工无偿付出，而是懂得通过分享，使得自身与员工和企业一起共同成长。

企业的发展是一个持续的过程。优秀的企业领导者不应追求短期的利益，更要具备高瞻远瞩的战略眼光，把整个企业打造成为利益分享的平台，这个平台属于全体组织成员，与他们站在同一个舞台上，他们才会与你一起奋斗。

1908 年，福特汽车公司推出 T 型车，成为了当时美国人最喜欢的汽车。之后的数年时间中，这款车销量大增，福特公司的老总亨利·福特的个人财富也因此大增。

不过，亨利·福特想到的并非只有自己。他决定，让所有福特的员工都能享受到企业发展带来的利益。他主动给年满 22 周岁的工人增加了一倍的工资，年龄未满 22 周岁的员工，如果有家眷需要抚养，也同样能够享受到这样的待遇。到

第二章
领导者的 8 个资质

1914 年，福特企业的员工已经拿到了当时美国制造业的顶级工资。福特却突然在这一年年底宣布再给员工上涨一倍的工资，让其最低工资达到每天五美元，理由是整个企业利润情况良好。福特认为，自己并不是什么资本家，而是工人的领袖，他喜欢这种分享式的领导方式。

除了积极提供高薪水之外，在福特，工人们的劳动权益也有极大的保障。工厂里有一个专业的清洁团队，其中包括 700 个油漆工、玻璃清洁工和木匠，他们负责让厂房中的每个角落都能清洁明亮，如同家中的厨房那样干净。这种清洁要求还体现在厂房空气上，通过排气系统，确保整个厂房每十二分钟就更换一次空气，所有生产所形成的烟气都会被带走，每个房间的温度也都被调节到舒适的范围。

整个福特公司有两千多个基层管理者，但他们中间没有一个人有权利解雇基层工人。1919 年，五万多人的福特公司中，只有 118 个员工被解雇。另外，公司有一个专门的委员会，专门负责调查工人和基层管理者之间的矛盾，如果有基层管理者经常和工人发生矛盾，部门经理就会将他们请到办公室询问原因，并提醒他们正视错误。

对于这些分享政策，亨利·福特自己并不觉得有什么奇怪的。他告诉朋友说："我并不是想要对工人的五个工作日付出六个工作日的工资，我也决不想作出那种既不经济又不可能的事情。我之所以这样做，是因为工人们在五天内就完成了六天的工作。"

正因为用利益分享的方式来推进正能量的循环，福特公司在之后很长时间，始终在市场内具有很强的竞争力。看起来，福特并没有费尽力气去激发员工的积极性，但他却在用分享的态度，始终"处无为之事，行不言之教"。

如果领导者都能够像福特这样，把自己看成员工领袖，就能够通过员工持续不断地回馈，实现企业和员工的同步增长。运用图 2-8 中的方法，领导者的共情心将会越来越成熟，其分享行为也会更有效果。

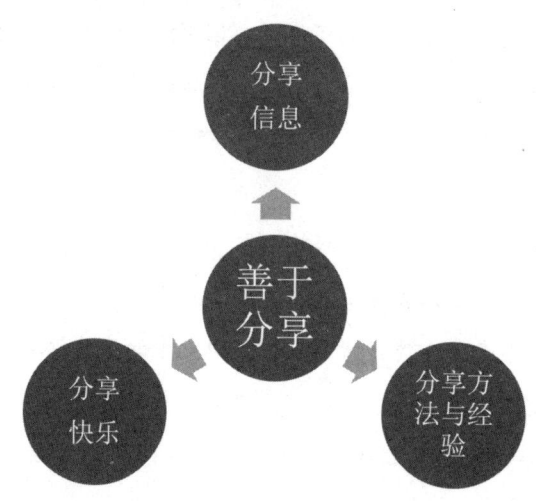

图 2-8　领导者要学会分享

第一，积极分享信息。

领导者不愿分享信息的原因，除了对员工有戒备之心之外，更多的是源于其位于组织顶层而带来的"高处不胜寒"效应。不少中小企业领导者总认为自己创建了企业，而其他员工都是自己招聘进来的，自己同他们并非完全对等的主体。由于在潜意识中已经为彼此角色划出了界限，领导者很难产生同员工主动沟通的冲动，信息的分享也就难以开始。当交流的路径被掐断之后，其他的分享也就无从谈起。

为此，领导者必须开通和员工之间信息沟通的渠道。在日常布置工作的过程中，需要和员工围绕企业相关信息随时进行交谈，获得他们掌握的第一手资料；及时将员工所关心的企业决策、目标等事项公开化，让员工能够在工作进行过程中了解必要信息，增强工作责任感，获得明确的工作方向。

第二，适当分享方法与经验。

除了采用授权方式分享权力之外，领导者还要对那些最重要的下属分享方法与经验，这些信息相比单纯的权力往往更具有实际意义。

作为企业的核心人物，许多中小企业领导者都有着白手起家征途中获得的工作经验和知识积累，他们对于工作中的困难，有超过普通人的见解和处理方法。但另一方面，他们又容易形成保守的心态，担心由于自己的主动分享，而被员工所"偷师"，将来会成为不安定因素，导致员工离开企业后成为竞争对手。

客观地说，领导者有类似的担心并非多余，而且十分必要。但另一方面，绝大多数员工在其工作岗位上所吸收到的经验知识，转化成工作能力之后，都会体现到组织中不同岗位、不同团队的工作业绩中。如果用这样的收益，来承担那种少数员工"背叛"之后的风险，应该是领导者理性上可以接受的。更不用说，当绝大多数员工切身体会到领导者的引导和帮助之后，会产生感激之情而不愿随便离开组织。

需要注意的是，领导者对经验和知识的分享，并非是灌输与替代，而是引导和帮助。领导者可以通过提问再回答的方式，将知识和经验渗透到员工的思维中。这样的分享才是有现实意义的。

第三，乐于分享快乐。

每当那些明明拿着高薪的员工却毅然跳槽而走时，企业领导者会抱怨员工的无情无义，或者怪竞争对手太会挖墙脚。因为让这些领导者难以理解的是，这些员工明明从企业的发展中分享了丰厚的薪酬，为什么还要选择离开？其实，答案在于员工只分享到薪酬，却并没有分享到快乐。

"人非草木，孰能无情"。员工固然希望用努力换来利益。但当他们感到从企业得到的利益只是领导者的赏赐或者交换时，他们就不会对企业有太多的归属感。如果其他选择带来的整体利益更高，他们就会果断离开。

为此，领导者需要有积极的"分享快乐"的心态。领导者应该将企业整体所取得的业绩作为快乐而加以分享，以此激励和吸引员工。例如，当某个部门主管的项目在市场中击败竞争对手，或某一位员工的努力达到了企业所要求的业绩和目标时，领导者都应该和所有下属积极分享成功的喜悦。因为业绩离不开组织中的所有人，领导者有必要用积极心态去鼓励他们，为自己和他人给出掌声与微笑。当领导者有了分享快乐的积极心态，整个团队的心态也会健康起来。

03 第三章
如何准确定位领导力

打造你的领导力
——从"管人"到"管全局"的突破

01　你是什么类型的领导者

在企业中,你是什么类型的领导者?在领导企业时,你要做"台前明星",还是甘做"幕后导演"?

在当代企业中,领导力更多地体现为人际关系。这种关系有时是一对多的,有时则是一对一的。但不论领导对象数量的多少,领导力都包含着核心人物和追随者之间的联系。这种联系所能发挥的价值高低,取决于领导者建立和维持人际关系的能力,也取决于领导者怎样界定自身在组织中的角色。如果他们将自己定义为"台前明星",那么这种联系势必薄弱;而如果他们甘于担当"幕后导演",则人际关系的内涵必定大为丰富。

历史可以证明,总是希望担任明星的领导者,很少有长远成功的。某些企业家忙于作秀,今天参加高端论坛,明天发布产品展示,后天又进行慈善活动……他们看似光鲜亮丽,但恰恰是他们面对有更多未来事业生涯的风险。因为他们整天都犹如站在聚光灯下的明星,忘记了自己的本职工作是要理顺企业内的关系,将企业所需要的角色分配给不同位置上的人。除此之外,合格的领导者还应该教会不同的员工,去主动接受、适应并扮演好自己的角色。这样,领导者就能成为功勋卓著的"幕后导演"。

不可否认,许多企业家天生具有成为商界明星的魅力和能力,他们有理由利用自己的天赋成为企业形象的代言人。但越是这样,他们就越应该看清自我,不应沉溺于那些耀眼的角色,而不愿担任默默无闻的领路者。

南唐后主李煜,艺术创作能力极强,是婉约词流派的代表人物。"雕栏玉砌应犹在,只是朱颜改。"这样的词句足以见证其非凡魅力。然而,他并没有弄清楚自己应如何去整合个人能力管理国家,而是醉心于写诗填词,最终身死故国。

以李煜为鉴,在企业组织中,如果领导者日常角色和其职责不相匹配,组织内部的混乱现象将会越发严重。

领导者是否很好地履行了引导企业的责任,是否让自己成功地担任了"幕后导演"?你可以定期向自己询问下面的问题,并对自我角色加以检验:

第三章
如何准确定位领导力

第一，花费多少时间用在亲自应付缺失和掩盖漏洞上。

如果你发现自己总是会用"最妥善"的方式来处理问题，尤其是为了能够掩盖企业的弊病而巧妙地使用不同"招数"。那么，情况就值得警惕了。这说明你总是自己在"舞台"前忙忙碌碌，运用不同的方式粉饰太平。但事实上，这只是你在拖延时间，你手头并没有真正能够帮助企业解决大问题的员工。你必须要能够毫不留情地加以反省，从而腾出时间，退居"教练者"和"导演者"的位置，让员工在你的指导下能够得以成熟，从而有效地为企业组建能够充分改变现状的人才团队。

第二，有没有人会不留情面地指出问题。

每个领导者都需要一群唯马首是瞻的人才，但与此同时，你也需要一个敢于在后台向你诚实指出问题的人。哪怕这样的人习惯性地对很多事情存有疑问，但你也需要给他充足的空间和机会，听取他对你和其他任何人所提出来的看法和意见。

允许少量这样的"挑刺者"存在，还有利于另一种情境：当领导者希望能够在组织内毫不留情地进行抨击时，自己无需站出来"开火"，而是通过鼓励"挑刺者"，实现对台前员工的批评和监管。你的身边必须有这种角色，他们是能够说出"皇帝没有穿衣服"的关键人物。

第三，有没有为自己预留下暂停时刻。

是否安排了暂停时刻，这是领导者经常忽略的。尤其当企业发展一帆风顺的时候，领导者经常会因贪图表面的辉煌成绩，不断加快自己的工作节奏，鼓舞员工的热情。这种情况当然值得欢欣鼓舞，但领导者必须明白，越是在这种情况下，越应该及时预留下暂停时刻。

这样的时刻你需要重新整理你在"幕后"制订出的决策，并对员工加以重新提示和训练，最重要的是，你可以因此来检验自己的"教学"效果，判断组织是否正走在健康发展的道路上。相反，如果没有这种有效暂停，工作一线所出现的风险问题会逐步积累，最终爆发，导致企业遭遇灭顶之灾。

02　如何以身作则

领导者在员工的眼中，究竟有怎样的特殊之处？调查显示，并非掌控企业规模大、事业强的领导者就必然充满魅力。相反，即便只是一个普通的小公司，其领导者如果懂得以身作则，具有充分的自我管理和控制能力，在员工眼中一样值得信赖。

所谓以身作则，其实就是自律，即对自我情绪和行为加以管控的能力。自律是领导力水平和组织工作效率的重要因素。

当代著名的企业家冯仑这样说："伟大，是管理自己，而不是领导别人。"同样，在现实中，许多人之所以缺乏领导力，正在于其缺乏自律性，他们的强势管理方式在没有自律的保证下显得"虚张声势"。

可以设想，如果领导形象看起来热情积极，但却没有充分的自律，也就会显得苍白无力。最终，缺乏自律的领导者很可能根本无法保证自己的位置，因为他们自己缺乏稳定的表现，企业也同样不会给予他们想要的稳定。

即使你的领导位置很稳固，你也依然需要培养自身控制情绪的能力，这是继续维持组织绩效的重要保证。自我控制能力，意味着当企业业绩起伏之时，领导者始终能保持正常状态，即使出现意外，也能始终能够保持镇定。不仅如此，杰出的领导者还会尽量控制内心，不在下属和员工面前流露出强烈的情绪，更不会传递负面信号。只有这样，当组织面对困难时，员工们才会从领导者的自律魅力中获得勇气。

比尔·盖茨说："既然想要做出一番事业，就不能太善待自己。只有自律的人，才能最后取得事业的成功。"《道德经》则将之简化为最精要的十个字"自见者不明，自是者不彰"。意思是说，喜欢自我表现的人，不会太聪明；喜欢自以为是的人，不会多彰显。作为领导者，不能将自己放在组织中的特殊位置，认为自己是最优秀的人而肆意妄为。相反，他们必须在工作和生活中积极约束自己，做到谨言慎行，绝不自大和放纵。

何况，只是从维持工作精力和保养身体健康上出发，充分自律的领导者，在员工眼中都是最有魅力的。因为他们永远会神采奕奕地出现在工作岗位上,让所有人感到安心。

台塑集团创始人,被誉为中国台湾"经营之神"的王永庆有着过人的领导能力。他从一间米店开始经营,最后成立了台塑集团。在集团最高领导岗位上,他工作到九十岁才退休,成为商业界领导的传奇人物。

王永庆之所以能如此"神奇",答案就在于其秉承了中华传统文化中的自律之道。他每天晚上会九点入睡,凌晨两点半起床,打坐冥想一小时,随后做自己编创的毛巾操。接下来,他会在书房开始写作,内容包括经济、社会、文化、教育等方面的想法,或者对整个企业的构建提出整体解决方案。

六点半到八点,王永庆会小睡一会。早餐之后,十点钟到公司上班,处理集团相关事务,会见访客。中午,则大多数在家用餐,饭后稍事休息,从一点开始工作。晚上,即便有应酬,他也会在八点半准时送客,确保九点能够上床就寝。

饮食上,王永庆从不追求美味。他告诉别人,长寿的人吃饭都很简单,并不是为了追求口腹之欲,而是要喂饱肚子。越是想追求食物的精美,就越是会觉得饭菜无味。为此,他的早餐和午餐追求简单,早上有时只吃四五种水果,中午只是半碗饭、一个鱼头,或者只喝牛奶和麦片等。晚餐即使较为丰盛,但无论对于怎样的美味佳肴,他也永远只取其中一二尝味,不会多吃。

在私生活上能如此自律,这让早在1989年就凭借40亿美元个人财产登上福布斯全球富豪榜16名的王永庆来说,显得格外具有伟大的人格魅力。他也因此获得了众多下属和员工的敬仰和追随。

只有当你能够从自身做起,你对员工的各项要求才能得到认可。事实上,当领导者具有自律魅力时,他无需再多言,员工也会将之看作榜样,向其学习。

自律魅力的养成,得益于长期积累,而并非一朝一夕。想要做到充分自律,领导者应能够积极做到以下几点(见图3-1)。

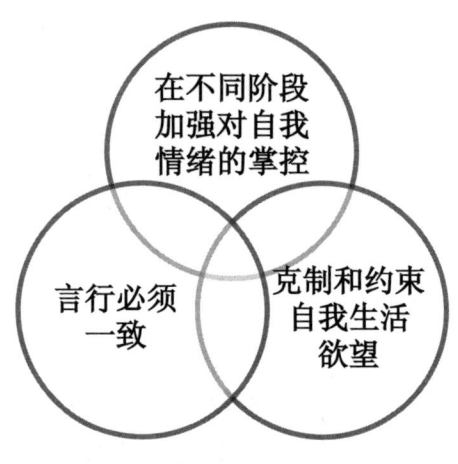

图 3-1　领导者要学会自律

第一，在不同阶段加强对自我情绪的掌控。

想要拥有自律能力，你需要勇敢面对来自不同层面的自我情绪挑战。要记住，这种挑战是伴随整个领导阶段的，无论企业规模有多大，挑战压力始终存在。

不要在企业的业绩上升时就感觉过于良好，也不要因为近期缺乏工作成果就情绪低落。情绪的蓦然变化，会导致你领导风格的不稳定，进而引起员工的不安，降低他们对组织前途的信心。作为企业的掌舵者，你应该始终注意保持初心，即最初成为领导者时的想法和情绪。除了工作之外的时间，你不应该有理由去放纵自我的情绪表达，即使只是面对微不足道的小事也该加以谨慎处理。

第二，言行必须一致。

领导者如果言行不一致，很容易让企业失去凝聚力。一些业绩原本不错的企业会在突然而来的挫折面前分崩离析，其原因并不仅仅在经营运行上，而更在于领导者长期的行动和其口头宣扬的价值观并不相同。这说明，由于领导者缺乏自律，很容易导致企业组织内部的矛盾不断积累，最终在外部突如其来的压力下轻而易举地崩溃。

现实中，由于中小企业主一方面承担着高压力，另一方面又缺乏股权机制下的有效监督，他们很容易忽视自己曾经宣扬过的价值观、违背制定过的政策或者改变推行过的制度。在发生言行不一致的情况之后,他们甚至根本不清楚究竟什么原因导致了这种矛盾。正因如此,领导者更应提醒自己,自律是一种个人品德,并非勤奋、努力和节俭等通行的商业道德,它更需要领导者随时记住自己说过的话,随时要以身作则,用要求别人的方式来要求自己。

第三,克制和约束自我生活欲望。

必须承认,企业家奋斗努力的意义和价值,除了其天然承担的社会和组织责任之外,也需要改变自己的生活状态,带来更加美好而丰富的物质享受体验。但中小企业的领导者尤其需要重视的是,一旦在生活欲望上失去自我约束力,自认为事业有成可以充分享受时,带给员工的往往是潜移默化的负面影响。

试想,一个对家庭不忠诚的企业家,很难谈得上忠诚于其事业,不出卖其员工的利益;一个始终将注意力集中在如何挥霍财产上的企业家,也很难让员工产生终生跟随的愿望。面对那些追求骄奢生活的老板,员工想的更多的是如何最大程度地去利用企业,在条件合适时跳槽,哪怕牺牲组织利益和职业道德也要满足私利,一走了之。

可见,真正的企业家,为了获得员工(包括企业成长过程中的股东、投资方、合作方和市场客户等方面)的信赖,必须要表现出过人的律己能力。

自律是领导者的良好德性,是需要艰苦培养才能形成的。只要领导者能够注意加强平时细节的要求,有目的地培养自律能力,就能将自律化作跟随个人行走的资产,从而带来美好的事业收益。

03 领导者需要以爱管人

在故宫养心殿西暖阁,有这样一幅对联:"惟以一人治天下,岂为天下奉一人。"

几百年前,清代雍正皇帝手书这副对联,悬挂在此,作为执政的座右铭。其实,这句话并非出自雍正,而是唐代大臣张蕴古向唐太宗李世民所上的《大宝箴》一文中所有,原文为"故以一人治天下,不以天下奉一人"。但雍正的改动,让语

打造你的领导力
——从"管人"到"管全局"的突破

气更加强烈,更富有提示与监督的含义。

那么,"一人治天下"和"天下奉一人",其中最大的区别在哪里呢?

在开明有为的君主看来,"一人治天下",是个人对祖宗留下的皇朝所肩负的职责,是要领导好江山社稷,虽然这其中不乏封建思想,但却是作为皇帝本人值得吸纳的正能量;但在昏庸奢靡的君主眼中,所谓的天下,不过是作为满足自己私欲的资源,所有的领导工作都是为了满足自我个人需要。

历史和现实已经证明,那些自私的领导者无疑会被欲望蒙蔽双眼。他们既看不到组织发展的全局,也难以了解所谓管理的真相,他们很快会在工作中以个人的好恶、主观意愿和利益来作为制订或否定决策的唯一标准。反之,当领导者真正将企业作为集体和社会的长远事业来做,他们就会认识到,企业并不只是自己和家族的产业,甚至并不只是股东和员工共同的财富,企业所创造的价值来自于全社会,最终也将反馈于全社会,汇聚进入人类发展历史的创造洪流中。

社会发展的客观规律犹如天体运行的法则那样不可违背,假若企业领导者一心只为自己考虑,缺乏对员工的爱,就很难得到员工的认可,更难在市场竞争的大潮中前行。

日本著名的经营大师稻盛和夫在创办京瓷公司十余年后,接触到了政治家西乡隆盛的领导精神。当时,京瓷公司在迅速成长中,股票也获得了顺利上市,但稻盛和夫依然兢兢业业地工作,因为他深知一旦自己作为领导者产生了判断失误,企业就有可能陷入倒退,甚至破产。那样,员工和他们的家庭就有可能沦落街头,而股东们的损失也会难以估量,为了保护这些和公司利益休戚相关的人,他始终告诫自己不断努力工作。

有一天,山形县的地方银行退休行长带来了西乡隆盛的著作《南洲翁遗训》。西乡隆盛是日本明治维新的著名政治家,一生充满传奇色彩,又是稻盛和夫的同乡先贤,因此稻盛自幼就非常崇拜他,尤其喜欢其名言"敬天爱人"。

因此,稻盛和夫打开书如饥似渴地读了起来,其遗训的第一则就这样说道:

第三章
如何准确定位领导力

"立庙堂为大政,乃行天道,不可些许挟私。秉公平,踏正道,广选贤人,举能者执政柄,即天意也。是故,确乎贤能者,即让己职。于国有勋然不堪任者而赏其官职,乃不善之最也。"

这段话翻译成为现代文的意思是:在政府中执国家之政是行天地自然之道。行事不应挟半点私心。所以不论何事都该秉持公平,依循正道,广举贤明之人,让能忠实履行职务者执掌政权,方为天意,换言之,就是遵循神灵的旨意。所以,若有真正贤明且适任之人,应该立即将自己的职位相让。由此而言,不论于国家有何等功勋,若将官职授予不胜任者以表彰其功绩,此为最大的不善。

西乡隆盛将这段话定为著作的第一则,实际上就是指导任何组织的领导者,都应该将"无私"看作行动指南。无论企业规模大小,哪怕只有数名员工,都要积极达到"无私"的思想境界。

稻盛和夫合上书本,陷入冥想。他想到,企业组织原先并没有自己的生命,只有领导者能够将一定的思想境界、经营理念注入其中,企业才会生机勃勃。而当自己在思考京瓷的发展方向并为之积极努力之后,京瓷这一企业就具有了生命力。反过来,如果自己因为害怕工作烦恼,将思维关注全部拉回到自己身上,企业自然也就无法维持其机能了。

带着这样的认识,稻盛和夫确信,即便牺牲自己、消除小我,也要始终关注企业的发展,将更多的精力投入到领导工作中。只有领导者摆正个人立场,没有私心,以爱管人,企业才能安然无恙地发展。

蒙牛创始人和前董事长牛根生与稻盛和夫有着同样的思想境界,他说过:想要做好一名领导者,首先要拥有智慧,其次要拥有无私的内心。

观察世界商业历史上的企业家,成功者中的绝大多数都具备无私的内心:唯有无私,才能将注意力单纯集中到对整个组织文化的塑造上;唯有无私,才能不带个人色彩地去面对下属,去解决矛盾、协调关系;唯有无私,才能真正用自己的仁厚宽大,去引导员工、开化人心。

智慧的领导者都明白，最有效的管人方法就是爱。正是如此，他们可以做到无私、懂得分享，掌握统帅组织的真正艺术，并最终实现梦想。领导者应该从下面的方向努力，将爱融入企业的发展中（见图3-2）。

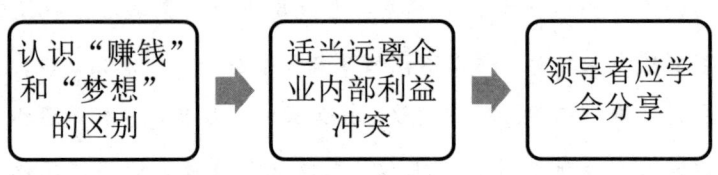

图3-2 领导者要学会以爱管人

第一，认识"赚钱"和"梦想"的区别。

中小企业的领导者，更多面临着企业发展的现实矛盾，他们需要赚到更多的钱来投入再生产、扩张资产和发展事业。然而，如果只懂得如何赚钱，就已经堕入了领导思想境界的低层次中。在盲目追逐盈利的过程中，他们必然忽视了对员工、企业的爱。

真正的企业领导者，应该先在内心建立梦想。这样的梦想需要通过领导和下属员工共同努力实现。为此，领导者首先勾勒出梦想的蓝图，并将蓝图同整个组织发展的方向结合。由此，领导者就会渐渐感到自己和企业是无法分开的，除了企业的利益，领导者并没有多少自我的利益。对员工的爱，能够让员工积极奋斗；对企业的爱，则能让企业走向辉煌。

当领导者的思想能够升华到为了梦想而努力时，在员工看来，领导者成为无私正直的代言者，是值得信任和跟随的。

第二，适当远离企业内部利益冲突。

老子说："天长地久。天地所以能长且久者，以其不自生，故能长生。是以圣人后其身而身先，外其身而身存。非以其无私耶？故能成其私。"这段话的意思并不难理解：自然界之所以长久存在，是因为自然界并没有谋求其自身利益而存在。圣人如果遇事谦退无争，反而会获得推崇，将自身利益置之度外，才能保全自身生存。只有先做到无私，才能成就所谓的私。

第三章
如何准确定位领导力

中小企业内,即使在业绩不断上升的情况下,还是很容易出现部门和部门之间、下属和下属之间的利益争斗。对于这些冲突,领导者要学会正确地置身事外,即不对其中任何一个"派别"加以明确支持,甚至不给出任何导向性的看法和意见。这样,员工眼中的领导才是公正无私的。而有了大公无私这一基础,领导者消弭内部矛盾、凝聚集体力量才有成功的可能。

第三,领导者应学会分享。

在对企业的领导和管理过程中,经常需要无私分享,才能便于下属进步和组织提升。其中不仅需要领导者能够分享客户、财富、荣誉、机会和平台,也需要他们能够采取,不同的方式分享领导权力。这种分享要求领导者将自己所拥有的资源拿出来贡献给组织,因此从个人层面来看,领导者需要接受一定的"损失"。但由于领导者将个人努力所获得的稀缺性资源拿出来同组织分享,将可以表现出宽广的胸怀,吸引到更多的企业追随者。

04　一诺千金的领导者最有领导力

每个人都有七情六欲,"人无完人"。即便是再大公无私的楷模,其内心也有个"小我"。正是因为能够克制"小我"的作祟,他们的胸怀才能超越普通人的境界,成就精神世界上的伟大。

当今社会,物质利益早已成为每个人公开追寻的目标,思想意识和价值观也逐渐多元化。每天面对市场上近乎白热化的竞争,再加上长期处在不断累积的强大压力下,企业领导者的内心不可能平静如水。伴随着企业的壮大,领导者必然也会考虑到自我利益和组织利益之间的冲突,尤其是当过去的承诺与眼下的现状发生矛盾时,他们应该如何选择呢?

是选择做一诺千金的领导者,让员工感觉到真实?还是选择做出尔反尔的"伪君子",让员工发现其虚伪?领导者的选择方向,会决定他在员工心中的形象。

打造你的领导力
——从"管人"到"管全局"的突破

作为领导者,应该学会真诚看待自己和下属之间的关系,打破所谓的等级壁垒,摒弃那种社会上普通人际关系之间"逢人只说三分话,未可全抛一片心"的观念。如果你总以承诺的形式激励员工,又在后期言而无信,员工自然会处处提防你,这样,双方的信任感就无从谈起了。

"君子坦荡荡",如果能被员工看作一诺千金的君子,那领导者也就能构建整个企业开诚布公的氛围,建立组织内部的诚信文化。

"身体发肤,受之父母,不敢毁伤,孝之始也。"在古人眼中,身体是父母所给予的礼物,爱惜自己的身体,就是遵守孝道的表现。但三国时期著名的政治家、军事家曹操对此显然有不同看法:为了树立自己在曹魏集团中的威信,增强下属的自律性,他选择作出个人在孝道上的牺牲。

曹操出征张绣,正是曹魏集团刚刚崛起没多久之时。为了安抚民心,树立自身良好形象,他特地下令,所有下属都不得纵马践踏麦田,一旦谁违反军令,就要枭首示众。这条军令颁发之后,偏偏是曹操的坐骑受惊而起,踩坏了一片麦田。军队中专门管理奖惩议罪的主簿顿时不知如何是好。为了给曹操台阶下,手下的谋士们纷纷以"法不加于尊"作为理由,向曹操进言,劝他忽略这个错误。

如果就此收场,下属们自然也不会说什么,但为了明确军令的严肃性,确保自己的权威,曹操决定,行"割发代首"的惩罚,他拔出锋利佩剑,割下自己的一束头发,然后传令主簿,命他挑着自己的头发明示三军。这就是古代著名的"割发代首"典故的由来。

作为庞大政治集团的领导者,曹操为什么不惜违背其个人信仰的儒家准则,毅然割掉头发?他当然是理性而智慧的政治家,不可能因为一时冲动或理想主义作出这样的事情。究其原因,还是在于其认识到信用的价值和力量。

领导者想要有效地对组织进行管理和领导,就需要通过语言和文字加以表达。在员工心中,最初都会对来自核心高层的这种表达具有敬畏感,这种敬畏是合理自然的，因为其既是企业结构特点所产生的，也与员工自身待遇有着密切联系。

但在许多中小企业中，领导者发现语言表达并不具有充足的影响力，即便在大会小会上不断强调的事情，也还是得不到员工的完全信服与配合，甚至反而会被员工不断地以各种形式推诿、反对。

这说明，领导者的语言命令的权威感并不在于他们怎么说、说什么，而在于说话的领导如何行动。"言传不如身教"，相比无法打动员工的语言，自身付出的行动更重要。例如，想要让下属遵守规章制度，只靠出台各种规章制度当然不够，还要严于律己；想要让员工懂得吃苦耐劳，也不能仅仅作出宣传姿态，而是要从领导层表现出不怕苦不怕累的精神。

为了获得员工的信服和配合，领导者需要意识到自己是所有人效仿的榜样。只有在平时积极用行动传递信念，员工才会相信你的语言和行动是一致的，你的表达才会具有权威性，让员工信服。

孔子说："己欲立而欲人，己欲达而达人。"意思是说，只有自己愿意做到的事情，你才能要求别人做到，只有自己能够做到的事情，你才能要求别人去做到。因此，一诺千金的领导者，才最有领导力。

领导者可以转变对事待人的态度，学会以身作则、提高信用的方法（见图3-3）。

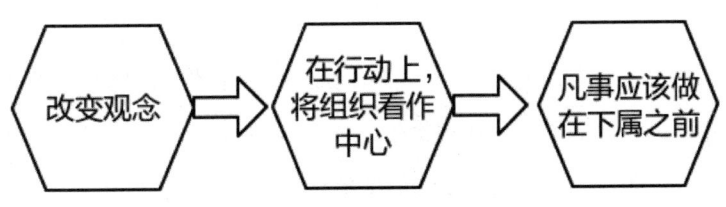

图3-3 做一个有信用的领导者

第一，改变观念。

领导者首先应该将自己看作提供服务的人，其他员工则是服务对象。有了这种意识，领导者才能找准位置，摆正心态，避免形成盲目下命令的官僚作风。随着心态和作风的改变，领导者将更加看重行动价值，而员工也会通过具体的示范，意识到领导者的统帅性和榜样性。

第二，在行动上，将组织看作中心。

一个平庸的领导者，在领导工作中总是将自我行动看成中心，但想要做到言而有信，就要以整个组织作为中心。领导者应该将自己看成组织的构成细胞，而并非拥有者，其一言一行都需要考虑组织整体的利益，将所有员工的集体看法放在第一位。只有这样有境界的领导者，才不会将自己看作高高在上的统治方。

第三，凡事应该做在下属之前。

领导者想要拥有过人的威信，就应起到表率作用。作为企业的灵魂人物，他们需要时刻注意，要比下属表现得更加积极。领导者不仅要注意言行，还要将自我管理做到更好。例如，在要求下属不能迟到的同时，领导者应在正常工作时间之前相对早到；要求下属对客户做到尊敬有礼，领导者更应该重视维护客户的面子；要求下属遵守财务纪律流程，领导者自己和管理层也必须严格遵守……千万不能对员工实行一套规则，而对"自己人"施行另一套规则。唯有如此，才能向员工传递正能量，有效加以指挥和影响。

05 领导者是唯一的坚守者

每个企业的领导者，内心都有这样的梦想：企业崛起，成为行业中的强者，可以代表最高端的技术、最标准的服务和最辉煌的品牌实力。然而，一个企业想要成为强者，就离不开内心强大的坚守者——领导者。

怎样的领导者才可称为坚守者呢？事实上，当领导者的形象，不再只是出现在企业的文件上和新闻中，而是渗透到每个员工的工作理念中；当领导者的话语，不再只是停留在会议上，而是改变了许多人的工作态度；当领导者的决策思想，不再需要公司各个部门想方设法去具体体现，而是员工自发地执行……此时，领导者也将成为企业中的坚守者，带领企业大步向前，而企业也将因此获得质的飞跃。

第三章
如何准确定位领导力

领导者不可迷失方向，也不应迷失。数百年来，在西方传统文化和基督教文明的浸润下，在欧美企业家的群体中，涌现出大批相信自我能力和群体协作、践行技术创新和理念革命、信奉资本力量和市场抉择的代表人物。从这些领导者的身上，我们看到了从文艺复兴之后早期资本主义的萌芽，看到了近代工业生产带来的冲击，也看到了信息爆炸时代互联网结构下资本运作的影响……上下几百年间，西方商业文化具体表现在这些企业巨子的领导行动中，他们组成了坚守者的群像，在西方社会的高速发展历史中起到了重要作用。

在今天的中国，纵然面对的客观环境有种种问题存在，纵然企业内外诸多资源还远远谈不上完美和充足，但领导者依然要致力于从传统中华文化中汲取营养，以企业内唯一的坚守者的姿态，走出一条和西方商业文化有所相同而又有所区别的成长之路。如果每个企业家都以一颗坚定而又强大的坚守之心，率领自己的企业，投身于公平、激烈的竞争中，将中国的传统文化发扬光大，定能取得最后的胜利。时代召唤企业家，更召唤其中的坚守者与强者。越是在"实体经济难做"的大背景下，企业家越需要坚定信念而自强不息。

在《道德经》中，老子提出了这样的八种强者："知人者智，自知者明；胜人者有力，自胜者强；知足者富，强行者有志；不失其所者久，死而不亡者寿。"企业领导者想要成为员工"不知有之"但却又能无处不在的人，必须要吸收这八种强者的特点。

值得注意的是，在这八种强大内心的特征中，两两互为相反。而相对来说，后一种特征所体现的强大感更为深厚和持久，这种强大不但表现在对外界的行动与态度上，更表现在自我超越上。

第一，知人与自知。

知人正是了解别人，即充分熟悉员工的个性和需求，了解他们的原则和偏好，确认他们的知识结构和才能特点。不仅如此，想要成为强者，领导者还要懂得如何认知自己、看清自己，既要了解过去的自己，也要认清现在的自己。

第二，胜人与胜己。

领导者想要让组织自发地运转，必须要从一开始就让企业员工感受到制度的力量、文化的熏染，让企业员工进入相应状态中。这样的过程离不开"胜人"，即利用管理和引导能力去激活员工，帮助他们战胜惰性、主动适应。但与此同时，企业家还不能停止自我修为，必须进行积极的自我控制，包括情绪上的克制，能力上的超越，不断地对品格和才能加以修炼，进行自我革新，这种不可或缺的过程即"胜己"。

第三，知足和强行。

"知足者常乐"，大到领导一个企业，小到修身齐家，缺乏良好的情绪，没有旷达的心胸，就无法保持充沛旺盛的工作精力。因此，"知足者"应该不受物质享受的迷惑，能够主动从简单而朴素的生活中、创新而忙碌的工作中，寻找到属于内心的快乐。

生活上的知足，并不代表事业上缺乏动力。经历过创业艰辛的企业家都认同这样的道理：商业上的任何事情，很难说一定会成功，也同样不能说一定会失败，如果能够找到坚持的信念，原本不可能的事情也有可能成功。因此，当企业领导者保持内心对生活知足的同时，也要能对事业有着"强行"的态度，这样，才会为"强行者有志"增添最好的注解。

第四，不失其所和死而不亡。

不失其所，是指领导者不会失去其应有的位置，即组织核心者的位置。他不会因为某个问题就忘记自己的责任而过多关注细节，也不会因为外界干扰产生迷茫而将企业带入歧路。同时，"其所"还是企业家所坚持的原则和目标，只有守住了属于自己的天地，才能进一步去监督和管理员工，建立其精神家园，并打造整个企业的核心文化。

当整个企业因为领导者的努力，形成了足以传承后代的企业精神之后，即使领导者退休、去世，他的精神却依然会影响着企业、影响着社会，他的行动与思想也将融入企业的品牌中，并记载进入企业发展的历史。从这个意义上来看，领导者正是通过其内在追求的外化，实现了境界的提升。

06 不与员工争功

商场如战场。企业领导者想要成为能够不断攀登在征途上的胜利者，就要在关键时刻肩负起领导责任，不应总让自己稳居老大的位置，更不应将一切功劳归于自己。

恰恰相反，他们应该甘为"人梯"，培养下一代领导者，充分认可员工的功劳。这种培养的核心，在于将那些有能力、有希望接班的员工培养成为具有称职素质的准领导者。这样才能确保在激烈竞争中不断有人站出来，带领企业奋进。

考虑到目前中小企业的现实情况，再加上中国人原本就相当看重的血脉继承关系，领导者往往不可能从"传宗接代"的片面思维中走出来。他们一面想要看到企业能够在下一代人手中发扬光大，另一面又担心家族失去对企业的最终主导，所以很多领导者不仅自己与员工争功，甚至会为自己内定的继承者争功。

然而，争功的唯一后果，就是将所有有志之士和有才之士赶出企业。无论如何，在功劳分配上，企业家都需有更开阔的胸怀，能够以企业组织的未来发展为重，公正客观地进行功劳分配，甚至是将归属于自己的功劳分配给员工，从而培养出具有真才实干的接班人。

李锦记是中国香港传奇家族企业，1888年创业至今，已经传承到了第四代领导者。李锦记之所以能够长盛不衰，是因为李锦记每一代领导者都有甘做"人梯"的精神。

1972年，李文达作为第三代传人接管李锦记。他认为，很多家族企业的领导者都只关注自己在位时的权力和责任，实现自己定下的目标，但却没有看到培养后继者的重要性。结果，家族出现问题，生意也就会随之消退。

为此，李文达定下规矩：第一，目前领导团队结婚之后只能有一个家庭，否则必须退出董事局；第二，领导团队不允许离婚，否则也需要离开董事局，可以保留股份但没有决策权；第三，下一代储备领导的教育费用可以由家族承担，但他们必须要在其他公司工作三年，通过考试才能进入公司，并必须从基层做起。

通过上述举措，李锦记公司保证现有的领导者可以安心成为下一代领导者的"人梯"，同时，培养对象并不局限在血缘关系上，而是唯才是举。

当然，并非所有的企业都能在发展初期就拥有一整套对领导者的培养体系，尤其是那些中小公司，其领导者忙于关注企业的业务发展。

那么，企业领导者应该怎样培养自己的接班人，打造出超越自己的新一代领导者？

第一，注重在平时工作中发掘。

在领导企业的过程中，领导者可以将员工放在不同的岗位上，并让他们面对不同的工作任务和掌握不同的工作节奏，注意观察和记录他们是如何动员其他员工来完成工作的，并与高层分析、理解他们的领导行为。

在这种公正、客观且全面的记录中，领导者可以发现企业中那些具有领导潜质的人，并建立相关的储备人才库。

第二，对后备领导者进行定位。

准确定位后备领导者，是对领导者的重要考验。当你组建出企业领导者储备人才库之后，应该进一步对其能力、特点、性格、人际关系等加以评估，为每个人才整理出个人职业发展资源档案。同时，还可以和他们进行单独的深入交流，了解其发展兴趣和目标，帮助他们描绘出直接和明确的未来领导图景。

经过这些准备工作后，企业最终将能够为人才储备库中的合格者加以定位。例如，某些人适合从事技术方面的高管工作，某些人则适合担任主管市场营销的副总等。有了这些定位，他们将会用更高的标准来要求自己。

第三章
如何准确定位领导力

第三，为后备者建立领导力素质模型。

领导力素质模型，是对那些优秀领导者个人特征加以描述的方式。在担任"人梯"的同时，领导者也应该积极从本企业文化的特征出发，结合每个员工的定位，为他们构建领导力素质模型。

对中小企业有用的领导力素质模型不需要过多详细分类，因为目前不同行业、不同企业、不同理论所建构的领导力模型实际上都大同小异。企业家可以将之分为两类，一类是与"事"有关的领导力素质，另一类是与"人"有关的领导力素质。将领导者后备人选大致归为这两类中的一类，再根据其能力特长，形成针对性强的能力素质模型。这样，其个人特征就能得以充分体现，也便于企业更好地从中受益。

以功劳筛选人才，并让每位人才凭借"功劳簿"晋升，最终得到着重的针对性培养，企业才能得到最具能量、影响力、勇气和执行力的接班人，领导者也能成为提携他们上路的最佳"人梯"。

04 第四章

打造魅力,有魅力才有领导力

01 魅力是自我涵养的体现

如果对中外政治和商业史有所了解，就会发现一个有趣事实：成功的领导者，并不一定总是有突出的人格魅力；但一个拥有人格魅力的领导者，一定会成为卓越的领导者。

当领导者在员工眼中充满了吸引力，那么，他的修养、知识、经验、人格等特点就会融入日常的工作中，其丰富的自我涵养，也会在工作中充分体现。在领导涵养的吸引下，员工自然会追随领导者并形成强有力的力量。

想要成为真正的杰出领导者，需要的不是玩弄权术，而是要以人格魅力去吸引追随者。所谓人格魅力，就是一个人对他人的吸引力和影响力。在普通人看来，个人魅力似乎更像是与生俱来的。但事实并非如此，魅力形成于一个人不断成长过程中所累积的知识和经验，也得益于他曾经取得的成绩，更关乎于一个人情商的高低。拥有这些积极因素，才能充分展现领导者的魅力。

当然，在不同时代的先贤看来，领导魅力的重要性又是不同的。

明代著名的思想家吕新吾在他的《呻吟语》一书中提出："深沉厚重，是第一等资质；磊落豪雄，是第二等资质；聪明才辩，是第三等资质。"他认为，具备深沉厚重的人格，就是第一等资质，任何组织的领导者，都应该要具备这种令人信任的厚重气质，要能够真正对问题和事务作出发人深省的思考；其次则应该光明磊落，属于第二等资质；至于那些看起来聪明能干、巧言令色的性格特点，并不是领导者应该竭力追求的个人气质，其吸引力和影响力最多也就属第三等资质。

在西方文化中，领导者的魅力也体现在领导者个人的灌输能力上。当下属们评价英国海军名将纳尔逊时，他们这样写道："我从未见过一个人有如此魔力，能够将一种精神灌输给他人，鼓励他们作战。"

在下属眼中，纳尔逊富有才华，充满热情，工作秩序严谨，筹划能力突出。他的魅力体现在敢于身先士卒，在整个巡航过程中，他从不会停歇。不管什么时候，只要天气与环境允许，他就会命令舰长们登上自己的旗舰；然后，他会将自己关于海军作战的方法、经验和想法倾囊相授。

第四章
打造魅力，有魅力才有领导力

纳尔逊的人格魅力说明，作为领导者，展现魅力既需要有掌控大局的沉稳气质，也需要能够深入基层，在可能的情况下传授业务、履行管理责任。当你将两者很好地结合起来，你的心智和人格内涵也就更为立体地出现在员工面前。

提高领导者个人魅力，可以从下面几个方式着手。

第一，展现远见卓识，赢得员工的追随。

领导者如果想要获取他人的信服，就要展现出超越普通人的远见卓识。在和员工的沟通过程中，寻找他们个人或集体最关心的方向和领域，然后利用自己的经验和资源，找准定位，进行准确的预言。

领导者可以预言的方向，包括市场整体需求的变化情况、某一款产品的价格走向，抑或竞争对手的战略策略改变程度等（见图4-1）。对于普通员工或某个部门来说，他们并没有足够的资源和空间来获取这些问题的答案，而你却能够利用企业核心领导者的位置加以洞察，对不同的员工个体分别给以提示。这样，你将利用完美的信息优势展现出你的远见卓识，彰显个人魅力。

图4-1 预言可表现的方面

第二，要敢于为企业经营承担风险。

企业的经营必然会产生相应的风险，领导者不能只围绕那些业已确定的责任加以承担，同样要敢于直面企业经营中不确定性的风险。尤其当众多员工等待着你做决定时，必须要有充分勇气进行决策，同时做好准备应对不同过程和结果。

敢于冒风险，不仅体现出领导者在企业中的重要性，同时，也能够激发员工的士气，这是因为当领导者勇敢地面对那些不确定性时，会让员工对他们产生崇拜之情，认定他们能够肩负起他人所无法肩负的责任，进而安心跟随领导者向前走。

第三，要展现出充分的解决问题的能力。

领导者和管理者最大的不同，就是后者主要是在企业的规则、制度、程序所确定的框架之内工作，而领导者则需要在组织体制结构对判断和解决问题无法提供指导时，能够拥有决断能力。

因此，领导者不要孜孜以求那些可以用制度和程序提供的答案。相反，他们应该善于见微知著，注意到那些并没有被人注意到的地方。对于那些不能完全证明可行的任务、众多人认为难以完成的项目，或者需要设立假设条件才能解决的问题，他们都应该积极承担责任，并敢于在企业组织的制度界限之外加以解决。

第四，不要奢求员工马上予以追随和支持。

虽然你是企业的领导者，甚至可以认为你"提供"了工作给员工，但这并不代表他们会因此就成为你的追随者。要知道，有些员工天然地对领导主动展现的优点会不以为然，还有一些员工则会对领导的突出个人才能予以无视……无论员工表现出怎样的抗拒特点，领导者都不用过于在意，更不能要求他们必须马上追随。相反，你要积极找出那些显然更容易跟随你的员工，将他们挑选出来，让他们积极地和其他人协调交流，成为员工中的示范榜样。这样，整个企业的队伍会逐渐受到影响，并能更加清楚地观察和判断事实，逐渐转向对你魅力的认可和支持。

总之，领导者必须在变化多端的实践中加强自身的学习、提高自身的能力、加强个人内涵的修养，赢得员工的心，带领所有人不断向前。

第四章
打造魅力，有魅力才有领导力

02　提升魅力，给员工一个亲近的理由

领导者魅力并不只是体现在个人能力上，更体现在品德上。所谓"以德服人"，任何领导者如果缺乏必要的品德，自然得不到员工的亲近。

《左传·襄公二十四年》有云："太上有立德，其次有立功，其次有立言。虽久不废，此之谓不朽。"对此，学者孔颖达作出注疏："立德，谓创制垂法，博施济众，圣德立于上代，惠泽被于无穷。"千百年来，中国的伟大领导者始终都遵照这样的训诫，他们利用自己的能力，成为了真正的"立德者"。

所谓立德，是指领导者在组织、经营事业的过程中，不是运用个人才能、职位权力和企业资源去驾驭下属，更不是使用权谋手段、分化瓦解、利益勾兑去和员工相互利用，而是用个人的德行去凝聚所有追随者。

今天的"立德"，就是指领导者能够遵照人类的普世道德标准，结合传统文化中的精华，树立整个组织文化的标杆，改变员工的精神面貌，进而影响他们的行动。有了"立德"的能力和形象，领导者才能更好地做到"立功"和"立言"，并对企业的发展留下难以磨灭的影响力。

很难想象，一个道德高度不够的领导者是如何完成对整个组织号召的。这样的人即便登上高位，其内心依然是黑暗的，下属对其道德所进行的审视，也会造成对权威的困扰，进而导致其领导者权威的模糊化。

虽然保持和提高道德标准是领导者应做之事，但其在现实操作中的困难是可想而知的。当领导者在行使权力时，总会有一些机会诱使他们放弃道德原则以获取更多利润。甚至，从某个角度来看，现实利益和道德准则似乎是难以克服的一堆矛盾，往往会呈现此消彼长的状态。

因此，在不同规模的企业中，总能发现领导者违背道德规范的现象，制订不合理的工作战略、商业准则、企业制度等，来谋求短期利益。这样的现状具有相当大的迷惑性，实际上却没有多大的作用。事实是，如果领导者从来不注意个人道德的修养，没有摆正道德和利益之间的相互关系，将"立德"放在领导力效果的对立面，迟早会形成消极影响。随着企业越做越大，道德因素不足所带来的风

打造你的领导力
——从"管人"到"管全局"的突破

险,会一步步体现到企业的效益上,最终让组织利益灰飞烟灭。

正如美国著名汉学家白鲁恂所说:"在中国文化里,最大的权力来源并非制度,也不是武器,而是无私的道德地位征服人心。"领导者如果能够提高自身的道德修养,就能成为员工眼中的善良者。善良者才足以让员工放心,并全心全意回报企业。

但需要注意的是,领导者如果对道德因素采取了实用主义的态度,并不真正想对员工施以"仁",而只是把"仁"作为追求私欲的手段,表现出虚伪的道德观,那么这也不是真正的"立德",同样难以带来直接的领导效果。

在海信集团,企业家周厚健的道德理念主要体现在倡导人和人之间的情感关怀。他的道德准则显然构成了其领导者魅力的重要部分。

除了应有的福利待遇之外,周厚健强调保障员工的生活条件。除给员工提供了优厚的住房条件外,因为销售员工长期在外而难以顾家,他专门要求企业设立了"内部服务110电话",由专人负责为销售员工家属排忧解难,从而消除销售员工的后顾之忧。海信企业文化真正体现出了中国传统文化的应有道德理念。

如果说这些都能够直接体现到管理效果上去,那么周厚健对个别员工和家庭的态度就显得更为仁义、更具理想化色彩。曾经有一位在技术中心工作的大学生杨某,因为在业余时间游泳而意外身亡,他来自农村家庭,生活条件不好。周厚健惋惜不已,并给予了这个家庭很大的安慰,他说:"你们失去了好儿子,是家庭的损失;海信失去了优秀员工,是企业的损失……有什么要求,尽管提。企业一定会尽力解决。"杨某的家人很感动,但婉拒了帮助。周厚健还是决定一次性给予杨家经济补助8万元。在老总的带动下,全体海信员工纷纷捐款,面对整个企业的善意,杨某的父亲感动得泪流满面。

在拥有魅力的领导者的带领下,企业员工也具有了相当优良的道德品行。一次,青海省西宁市的边远地区,有位少数民族顾客使用的海信空调,因为当地气温太低导致冻裂而不能启动,海信技术服务人员接到电话后立即去检修。然而,途中下起了鹅毛大雪,山路难行,维修人员并没有以此推诿,而是立刻高价雇了

第四章
打造魅力，有魅力才有领导力

一辆出租车来到用户家，修好空调才离开。这种出色的服务，让用户非常感动。

领导者的道德影响力，是构建其卓越领导力的基石。高超的领导力，是润物细无声的，它不需要太多技巧，需要的仅仅是心灵的呼应。领导者的内心变得更加善意，才会自然流露在行动中，博得员工的欣赏、模仿和追随。

为此，企业领导者有必要培养自我道德修为，主动投资自我。

第一，将道德准则同企业制度相结合。

企业家的个人私德很重要，表现在制度中的道德影响更重要。例如，企业内部的管理制度，不能违背应有的商业和社会道德原则、规范与实践；企业对外经营，包括处理客户、作者、竞争对手之间的关系，也应当符合道德理念和伦理准则。如果领导对于组织整体行为的道德标准视而不见，允许下属员工任性妄为，用种种不道德，甚至违法的手段去获取利益，那么其领导者的道德形象也将大打折扣。

第二，"严以律己，宽以待人"的宽容魅力。

对待自己，领导者必须以品德自律，但在对待员工时，领导者则要表现出恰当的宽容。宽容，是千百年来无数人所喜爱与追求的大度特质。这种特质，能够转化为优良的品性，并能发挥出充裕的正能量。

所谓领导者的宽容，是指领导者有权力、有理由进行惩罚时，却因为长远的眼光而没有惩罚；也是指他们有能力、有机会对下属施加更大压力时，却因为必要的理由而放弃了施压。

宽容的态度，会让下属感到意外，之后则是感怀和释然，最终转化成为努力进步的动力。反之，刚愎自用或凡事斤斤计较的领导者，即使只是普通人，也会表现得难以相处而无法具有吸引他人的魅力。严苛的领导习惯，与其说是约束和压制了员工，还不如说是对自身领导权威的损耗。

汉代的丙吉担任丞相时，他的一个驾车小吏喜欢饮酒。某一次，他跟随丙吉出行，居然醉得吐在了车中。下属建议让这个小吏走人，但丙吉说："如果因这种过失就要开除他，那么他以后到何处安身？暂时宽容他的这次过失吧，毕竟也只是弄脏了车上的垫子。"小吏对此很是感激。

后来，出身边疆的这个小吏看见驿站骑兵紧急传递边塞军情，便抓住机会求见丙吉汇报了自己对边塞的看法。他建议丙吉能够事先了解边塞有关官员的档案资料，因为其中不少地方官员因为年迈病弱而工作能力不足。不久之后，丙吉按照小吏的思路，向皇帝汇报了有关情况，并得到了皇帝的重视。

试想，如果不是容忍了小错误，丙吉岂不是要失去一个重要的特殊人才？领导者如果能对员工无关大局的错误加以原谅，那些被宽容者即便在表面上没有触动，也会将情感放在心内。一旦有机会让其发挥长处，他们必定能够释放能力，加以回报。如果凡事都要苛责，只会让员工感到惶恐不安，难以作出改变。

第三，在细节上不要失分。

三国时期蜀国开创者刘备，白手起家三分天下，其奉行的领导标准就是"勿以善小而不为，勿以恶小而为之"。企业的管理事务虽然有大小之分，但企业领导者的道德表现却没有大小之分。

身为企业的核心人物，领导者的一言一行犹如在镜头之下，被所有人时刻观察。而你必须要时刻约束自己的行为，时刻维护道德形象的统一。这样，你的道德表现会逐步内化成为生活和工作中的细节，而个人魅力也就由此形成了。

领导是一门艺术，离不开必要和充分的道德标准。只有将领导者身上的道德面纱揭开，他们在员工眼中的形象才会越发真实，其领导能力才会换取更加美好的成果。

03　助人者人恒助之

社会是企业组织活动的竞技场，同样，企业内部也会折射出社会形态。成功的领导者，会像社会运行的法则那样，善于去帮助员工成长，更善于为员工提供机会，也

第四章
打造魅力，有魅力才有领导力

正是在这样的帮助下，员工才会作出反馈——这就是所谓的，助人者，人恒助之！

李嘉诚曾经说过："如果员工的品德良好，那么对于他能够做到的事情，就应该尽量让他有机会去发挥。"这是因为每个员工的德才，都有其可取之处，因此他们理应拥有领导者授予的"表演"时刻。

不要认为你眼中能力不足的员工就不配获得机会。对于人和人之间的不同，老子早就提出过自己的看法，他说："夫物或行或随，或歔或吹，或强或羸，或载或隳。"意思就是说，世间事物与人的本性并不相同，有的喜欢前行，有的喜欢跟随；有的缓和，有的急躁；有的刚强，有的柔弱；有的自爱，有的自毁。同样，在企业中，员工的性格、才能也各不相同。但领导者不应有所偏重，而是要根据不同的员工，分别提供帮助，让他们都拥有成长的机会和渠道。这样，就能做到如《道德经》中所言："高者抑之，下者举之，有余者损之，不足者补之。"

在那些相当成功的大企业中，领导者通常更为善于给员工更多机会。他们知道，让员工多经历一些不同岗位，拓展各自工作的空间，接触不同的对象，就能获得更为充分的锻炼。反之，如果领导者对员工的第一印象不佳，或者凭借其初期工作表现就判断对其没有培养的意义，他们自然就难以成长。

美国著名的管理学者哈默曾经有一位纽约客户，这位老板每天都面临着繁忙的事务，他除了要和公司客户进行电话联络之外，还需要对桌子上不同的文件进行处理，每天都忙得抬不起头。

哈默告诉这位老板，作为企业的领导人，他做得太多，而大部分员工都在做简单的工作，根本没有机会去发挥实力，甚至进入这家公司都不需要花费脑筋去工作，更谈不上去承担什么责任和风险。如果这样下去，真正优秀的人才是不会留下来的，而留下来的员工也培养不成优秀者。

对此，这位老板深以为然。但他还是坚称，员工并没有能力和自己做的一样好。所以，给他们机会也更多是会被浪费的。但哈默告诫他："第一，如果员工真的能够现在就像你这么聪明、做得这么好，他就不需要做你的员工，而是自己创业当老板了。第二，如果你从来不打算给他们机会去做，你又如何肯定他做得不好？"

打造你的领导力
——从"管人"到"管全局"的突破

天高任鸟飞,海阔凭鱼跃,自然界给了每个物种进化的机会。企业应该成为员工的天和海,无论他们是能够飞升的鸟,还是善于腾跃的鱼,都应该能从组织运转中找到自我表现的机会。这样,企业内才会生机盎然、充满活力。大到整个公司的经营目标,小到一个部门、一个岗位上的人选问题,都要和不同员工面对的机会加以结合,让他们从眼下的工作中看到美好的将来。

帮助员工成长,你可以从下面几点做起(见图4-2)。

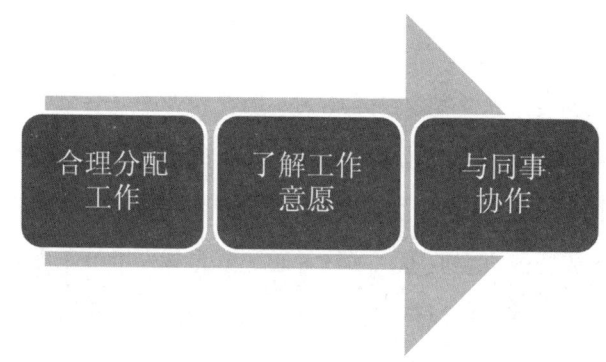

图4-2 领导者学会帮助员工成长

第一,合理分配工作。

不要让优秀的员工被工作压垮,也不要让看起来平庸的员工始终从事同一种工作。相反,领导者要对员工的工作任务进行评价,观察分配任务是否平衡。例如,大多数员工是否均等地得到了工作机会?是否综合使用了不同专业和层次的员工来承担新任务?员工的工作难度和工作量是否均等?

在形成总体规划之后,领导者还应要求不同部门都建立各自的工作任务分配制度。这种制度应该充分体现出公平性。尤其在企业初创和成长期,更是应如此在内部推广。

第二,了解员工对工作的意愿。

正如自然界允许万物按照各自的规律生长一样,领导者乐于授予机会给员工,并非是掌权者的恩赐,而是顺应他们变化的内在规律。员工选择了自己想要做的工作，其目标会越发明确，同时也越发珍惜自己的岗位。

第三，让员工能够和更多的同事协作。

进入企业之后，员工希望得到的不仅是更多职业经历，他们还希望在组织平台里面扩大人际关系网，提升社交层面。如果领导者没有意识到这样的需求，就会长期让不同的员工分别处于不同团队中，企业内人际关系逐渐僵化，还会由此带来"帮派"问题。

为此，不妨在一段时间之后，将同一个团队打散，进行新的组合。这样，员工看到更多构建新型人际关系的机会，得到更多学习和追赶的空间，企业也会因为这样的及时调整而从中受益。

给予每个员工适合的机会，能够确保企业积极发挥人的特性，以人为本进行管理，充分发挥个体主观能动性。这样，才能让企业中不同天赋、不同能力、不同素质的员工变得更加优秀，并共同帮助组织走向成功。

04 什么该承诺，什么不该承诺

生活中，经常见到这样的人：他们能够为了一时需要而随意给出承诺，但却在需要兑现时寻找不同借口加以逃避。这样做，并不一定是他们有意为之，只是承诺得过于随便，没有为自己留下丝毫的余地，当发现诺言根本不能兑现时，只能用逃避应付。

这样的人注定会失去大量的朋友和支持，无法被周围人所认可。倘若他们将如此特质带入领导工作中，就会引起更大的麻烦。

当领导者向员工作出许诺之后，就在对方心中播下了希望的种子，并不断萌发生长。他有可能会因此拒绝其他资源和机会，一心希望你的承诺可以兑现。然而，当他发现领导者不断地让其内心希望落空，就有可能直接停止行动、延误时机。此时，领导者想要补救却为时已晚。

不仅如此，喜欢动辄作出承诺但却不兑现的领导者，会因为员工对其失去信

打造你的领导力
——从"管人"到"管全局"的突破

赖而失去未来。你会发现越来越多的下属不愿和你共事,也不愿意再和你打交道。你只能陷入孤军奋战的地步,哪怕想要进行一次微小的改变,都会出现相当大的困扰和压力。

因此,如果领导者承诺某事,就必须要坚持办到;否则,就不要向员工作出承诺。

曾子是孔子著名的学生。

一次,曾子的妻子去城镇赶集。孩子哭闹着要一起跟去,妻子急着前往,便随口安慰孩子,说只要听话,回来便杀猪给他吃。曾子知道这件事情之后,便开始准备杀猪。

妻子回到家,连忙阻止:"我是为了让孩子留在家里,和他说着玩儿的,你怎么还正准备杀猪呢?"

曾子严肃地说:"答应了孩子的事情,不能不去做到。小孩子会模仿父母,现在你作出承诺但却不兑现,就是在教孩子骗人啊。"

于是,曾子不顾妻子的阻拦,坚决将猪杀了。

或许,曾子可以采用"迂回"的方法转移孩子的注意,然后收回承诺。但这样做并不能为他在家庭中的影响力加分,反而会增加未来领导者的麻烦——伴随成长,孩子会越来越意识到自己当初是如何"受骗"的,并对父母的信任大打折扣。

对子女尚且如此,对员工就更应重视承诺。承诺不是一种管理手段,而是领导者肩负的责任,也是他们为企业组织作出贡献的重要手段。

不过,事情总是发展变化的。领导者也可能遭遇到另一种尴尬的情形:原来可以轻松兑现的事情,由于出现无法预料的意外,导致承诺无法兑现。因此,领导者除了需要懂得兑现承诺的重要性之外,还应该清楚怎样去给出承诺——领导者必须要留有一定的空间。这并非是为了给自己找不努力的理由,而是为了避免万一的变故,导致领导力信用的降低。

因此,领导者都应该明确什么该承诺,什么不该承诺。那么,如何区分呢?

应该根据具体情况，采取不同的方式。

第一，对无法完全确定的事项，可以采取弹性化承诺。

在企业运营中，即使是领导者也不可能完全确定某些事情，更不可能完全确保未来的发展。因此，如果你对事情缺乏把握，就可以对下属使用弹性化承诺，将话说得更为灵活一点，这样就有伸缩的余地。

你可以使用"我们尽可能提供……""尽量和客户沟通""最大范围内采取……"等灵活的字眼。这样，即使最终结果不如下属所期待的那样好，他们也能够接受。

第二，对时间跨度较大的事项，能够采取延缓性的承诺。

在企业管理中，某些事情在员工看来，当下就可以完成，但领导者从组织整体利益角度出发，又不能马上予以同意。为此，可以在承诺时采取"拖延"的方法，将时间加以延缓，即将实现承诺的时间加以延长，也为自己留下行动的空间。

某部门经理找到老总，要求给自己部门的员工加薪。此时领导者可以作出承诺，但并不需要说出明确时间："如果年终考核时，公司业绩好，而且你们部门成绩突出。那么，整个部门的员工都有加薪机会。"这样，时间就能够拖延到年终结算时，既留有余地，同时也能激发整个部门员工的工作热情。

第三，对承诺设定前提条件。

如果领导者将要作出的承诺靠自身无法独立完成，那就一定要带有足够的前提条件加以限制。例如，你承诺帮助某部门提高其技术工作能力，但这涉及公司内部人力资源分配的问题。因此，你可以向该部门经理指出："如果公司人力资源计划能够安排，同时技术团队可以协调过来，我就可以为你们调拨技术人员。"这里用多个条件对承诺作出了限制，既体现了领导者对部门的关心和诚意，也委婉地告诉了员工实际难处。

在作出承诺时，明智的领导者会事先充分考虑和分析客观情况；在作出承诺之后，他们会努力兑现，但在此之前，他们绝不会随口答应，以防后患无穷。

05 虚怀若谷，能容人，能爱人

中国历史上为人称道的君臣故事中，总少不了唐太宗李世民和魏征的身影。但鲜为人知的是，魏征原本在太子李建成手下任职，为了确保政治斗争的成功，他为李建成出谋划策，多次给李世民造成麻烦，甚至是生命危险。按照普通人的推想，在玄武门事变之后，李世民第一件要做的事情就是彻底颠覆李建成的集团，将魏征这样的对手党羽处死，或者流放。但李世民却表现出了封建君主难得的宽容，他不仅赦免了魏征，还委以重任，最终留下一段历史佳话。

在当代企业中，重视宽容，同样是领导者的美德。华为能够成为中国民营企业中为数不多进入世界五百强的佼佼者，与任正非的领导理念有着密切关系，其中除了"从严治军"的理念外，还有着宽容为主的风格。

2010年1月，任正非在华为全球市场工作会议上说："有人把管理定义为'通过别人做好工作的技能'。一旦和人打交道，宽容的重要性就会立即显示出来。人与人之间的差异是客观存在的，所谓宽容，本质就是要容忍人与人之间的差异。不同性格、不同特长、不同偏好的人能否凝聚在组织目标和愿景的旗帜下，靠的就是管理者的宽容。"

管理学大师德鲁克曾经这样说："倘若所要用的人没有短处，其结果至多只是一个平平凡凡的组织。"尤其在中小企业内，看上去毫无短处的员工，很有可能就是各方面都说得过去，但绝对是没有过人之处的普通人。需知，任何人都是有其优势和短板的，有长处必然会有短处，谁也不可能十全十美。那些看上去存在明显缺点的员工，其潜在的长处往往也是最具价值的。

作为企业领导者，无论是员工队伍的现实情况，还是企业发展趋势所呈现的必然性，都要求你正确对待下属的特点。首先，一个人的缺点如果不是致命的，

第四章
打造魅力，有魅力才有领导力

就不能因此而否认其价值，领导者要明白"瑕不掩瑜"的道理，宁可接受那些存在瑕疵的玉，也不能让完美的石头充斥企业。其次，如果员工的缺点看起来无法克服和提高，不妨转换一种思维：既然员工改变不了，那么是否能改变他展现能力的场合？

柯达公司在生产照相感光材料时，需要工人能够在没有光线的暗室中熟练操作。为此，公司要花费很多时间和金钱去培训工人。但柯达很快发现，盲人在暗室中行动自如，而且只要稍加培训，就能达到比常人还要熟练的程度。

于是，柯达公司大量招聘盲人，从事感光材料的生产制造。而原来的那些工人则调入了其他部门，提高了生产效率。

盲人的缺点几乎是无法克服的，但只要将他们放在正确的位置上，也一样能够变成优点。领导者应该跳出传统的思维模式，从客观实际出发，对手中的人力资源量才使用，有针对性地"用人之短"，能够起到意想不到的效果。

为此，优秀的领导者必须同时也是优秀的指导教师，需要十分清楚员工的长处和短处，并按照实际情况恰如其分地分配工作。如果他只懂得按常理出牌，那么员工就很有可能无法真正接受适合的任务，更驾驭不了权力和责任。

企业领导者必须要能结合选聘、训练、引导和培养员工的过程，对员工的缺点加以正确运用（见图4-3）。

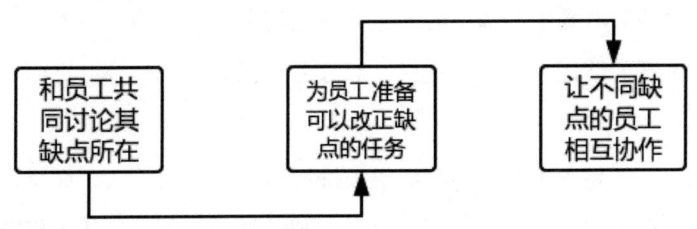

图4-3　领导者善于帮助员工克服缺点

第一，和员工共同讨论其缺点所在。

当局者迷，员工在观察自身的缺点时经常不得要领，找不到应该加以改正和提高的地方。为此，领导者可以多和员工讨论其职业生涯发展情况，并借此机会向他们指出缺点。或许一开始员工无法接受这些缺点的曝光，但如果领导者能够表现出应有的关心和耐心，他们就会积极配合，并愿意同领导者相互协调作出改变。

事实上，很多员工之所以能够积极改正缺点，正是因为他们在上司的提议下发现了缺点，由此开始，他们在工作中感受到了压力，并能够加以积极改正。

第二，为员工准备可以改正缺点的任务。

如果领导者发现了员工的缺点，袖手旁观或者希望员工自己主动改变，都并非最好的做法。领导者应积极挑选那些最需改正缺点的员工，将他们放到便于克服缺点的舞台上。例如，你发现某个员工工作能力很强，但组织能力不够，这时你需要做的不仅是让他能够意识到问题，还要将带团队做项目的工作交给他，让他在实践中不断总结方法去弥补自己的缺点。这样做，既能够让下属通过实践来看到变化，同时由于他意识到新任务的重要意义，也会更加投入地面对工作。

第三，让不同缺点的员工相互协作。

虽然每个人都有着不同的缺点，但往往缺点的另一面就是优势。例如，一些人和同事难以融洽地相处，他们过于谨慎、理性乃至斤斤计较，导致他们在公司没有"朋友"。如果将这样的员工放在人力资源部门中，自然难以很好地和其他人协作。不妨将他们放到生产部门的质量监督岗位上，同那些看重人缘但难免会过于"宽厚"的部门管理者协作，这样，双方的缺点会相互弥补，进而形成良好的管理合力。

人无完人。领导者用人，不能指望去挑选出没有缺点的人，而是艺术化地去分析和判断不同的缺点和长处。对于手段高超的领导者而言，他不仅能够发现员工的长处、规避员工的短处，更能通过改变员工的岗位，将其短处变为长处，从而最大限度地发挥人才的价值。

第四章
打造魅力，有魅力才有领导力

06 分享的魅力挡不住

俗话说，"患难见真情"。没有共同战胜过强敌的将士，难以成为强大的军队。同样，只能享受员工带来的胜利喜悦，而不愿意和他们一同面对困难的领导者，也无法带领整个企业跟随他一起行动。

每位领导者都应当懂得分享，而分享的魅力不只限于业绩的分享，更在于员工面对困难时伸出的援助之手。

当直接下属在工作中遇见困难时，领导者应该义不容辞地站在他们的身边，为之提供必要的资源，并指示、帮助和共同寻找解决方法。对于那些负责执行决策的基层员工，领导者则应该在决策初期就考虑到其有可能面对的困难，尽量利用决策内容来提前化解基层员工操作失误、资源不足、协调出错等风险。这样，领导者就会因为和下属共同克服困难，而赢得充分的支持。

即使并非上下级关系，任何人如果能够共同克服困难，就会自然产生互相支持和帮助的良好情感。不论是谁，都会有运气不佳、实力不济或发生错误之时。对于员工，企业领导者不应该错过伸出援手的机会，而是主动作出积极表现，成为富有责任感的掌舵者，帮助员工找准方向。

领导者还应鼓励那些由于困难，表现出消极态度的员工，让他们能够充满信心面对困难。

春秋战国时，吴起是闻名于各诸侯国的名将。他有着卓越的军事才能、辉煌的个人战绩。而他又是如何做到这一点的呢？这同他愿意和下属共同面对困难有着分不开的关系。

据说，吴起不管在哪个国家率兵，都和最下层的士卒共同吃苦。他睡觉时不铺卧席，行军时也不骑马坐车，而是亲自背着干粮，就像普通的士兵那样。有一次，下属中有人生了恶疮，吴起甚至用嘴为他们吸脓。事情传出去之后，生病下属的母亲听说以后，顿时大哭。别人为此感到不解，这位母亲说："当年，吴公曾经为孩子的父亲吸过疮上的脓。所以他父亲就在作战时，勇敢拼命，最终战死。

打造你的领导力
——从"管人"到"管全局"的突破

现在,吴公又为我的孩子这样做,我真不知道他以后会战死何处。"

这位母亲之所以感到如此悲伤,是因为即使作为局外人,她也清楚地知道,吴起能够用兵如神,并不只是在于智谋,还在于其强大的领导力。这种领导力,正是通过帮助下属度过困难作为基础的。有了同甘共苦的经历,部队自然能够在战场上英勇作战、所向披靡。

但有些企业中,当下属面对困难时,有的领导者只会端起架子,希望下属能够放下一切去努力,自己则躲在阵线之后毫无作为。试想,下属为什么要心甘情愿地为这样明哲自保的领导者去奉献?当他们看到领导者愿意和自己共同承担压力,互相支援,他们才会和领导者产生默契感,自发地聚拢在一起,形成同舟共济的关系。

从心理学上来说,只有在上述情况下,下属将领导者当成了"自己人",才能建立彼此信赖的关系。

在和员工分享资源、共同克服困难的过程中,领导者需要注意的是,现代企业的员工,更希望从你这里获得的是长效性帮助。在帮助员工时,领导者应多倾向于解决他们工作上的困难。

第一,帮助员工找到业绩滑落的原因。

当员工业绩不佳时,其表现很可能为实际业绩和期望业绩之间有所差距。为此,领导者可以利用对他们的了解,帮助他们重点分析业绩为何出现差距。

例如,通过直接下属向基层员工转达改善问题的方向,或者提出具体要求引导员工进行观察纠正等,尽量在采取具体措施对问题加以纠正之前,就提示员工找准问题出在哪里。这样的帮助,对员工克服困难的过程往往是决定性的。

第二,对重要下属的工作行为认真观察并进行指导。

领导者不可能直接接触所有员工,但对其中最重要的下属,应该进行认真观察并加以指导。

领导者应该抓住一切可能机会,具体了解那些担任重要职位的员工,通过业绩考察他们的能力强项，找出他们的能力弱项，然后有针对性地对他们提出看法和意见。对这些员工，领导者不应先入为主，认定他们具有某方面的缺点；相反，充分的耐心，才能帮助领导者从其身上找出问题并予以帮助。

第三，提供资源，让员工走出职业倦怠。

目前，中小企业员工面临的工作困难往往来自于其职业倦怠。尤其对于那些长期从事繁琐、重复的操作性工作的员工，更是有可能因为激情淡漠，而降低工作效率。职业倦怠本身经常表现得并不明显，但却是许多员工都注定需要战胜的麻烦。因为这种倦怠是一种恶性循环，会对工作产生强烈的破坏力。因此，领导者需要重点去指导企业的人力资源部门，为员工量身打造符合其自身发展轨迹的职业通道，使得员工看见自己上升的空间；或者在企业内部推行岗位轮换制，根据员工对职业、岗位的需求和其个人兴趣、能力的匹配程度，指导其理性选择合适的岗位；同时，也可以增加员工工作职责与内容深度，允许他们能够用更大自主权、独立性和责任感面对新的完整工作。

更重要的是，企业需要积极有效地为员工提供充分有效的工作资源，例如技术支持、人力支援、财物补给等。这样，员工追求的目标和获得的支持就能相互匹配。他们会相信困难可以克服，并由此摆脱倦怠、点燃激情。

07 领导者的魄力决定了员工的信任度

中华文化博大精深，但其中并非没有糟粕。例如，"木秀于林，风必摧之"这样的思维，在历史和现代的种种情境中，大都没有起到多少好效果。许多优秀的人才正因为信奉这样的"定律"，才刻意地对其所处团队或组织保留实力，最终转身离去。

但另一方面，领导者也应该反躬自问：为什么员工不愿意为企业奉献出百分之百的努力？为什么他们不愿意成为组织中的参天巨树？如果说他们有所担忧，到底担忧的是什么？

打造你的领导力
——从"管人"到"管全局"的突破

不妨来看现代西方企业发展历史上的一个案例。

福特公司传承到福特三世的手中之后,企业积极延揽人才,锐意改革,一时间福特汽车公司再创辉煌。然而,正当整个企业和福特三世个人的事业都蒸蒸日上之时,作为领导者,他却变得刚愎自用、嫉贤妒能。他认为,自己是家族名副其实的传人,不应该允许下属的名望和权力都在自己之上。很快,他决定和当时领导福特公司的总经理艾克卡解约,当他征询意见时,表示了不同意见的副总经理也一并被解雇。

这件事情轰动了当时全球企业界。很快,负面连锁效应纷至沓来,福特原本强大的人才队伍开始流失,公司由于缺乏生气,难以再现高速发展的辉煌。1980年,63岁的福特三世似乎意识到当年的错误,宣布退休。但由于错过了最好的机会,这家公司已经难以再现过去的辉煌成就。

领导者用人是艺术,同时也是胆略。是否敢任用比自己还要强的人才,考验着每个领导者。

必须承认,即使在现代社会,嫉贤妒能的特性依然存留于部分领导者的心态中。尤其在当下社会,人和人之间的信任度越来越低,加上私营中小企业的家族性、股权不明等特点,很容易让企业家担心那些"重臣"有朝一日会将企业资源据为己有,进而独立出去。很多中小企业家甚至这样想:与其产生这样的后果,不如从一开始就不要给予人才相应的权利,将他们约束在现有层次中,这样,企业发展速度即使慢一点,但起码是"安全"的。

这样的想法或许有一定的道理。但如果换个角度来思考,如果对每个员工都要"留一手",将每个下属都看作未来的背叛者,真的能够让企业获得生机和活力吗?答案必然是否定的。当老板们在担心人才能力和地位过于强大时,他们无形中为企业的堕落打开了"地狱之门"。

随着社会的进步,每一代人都会表现出超越前一代人的特质,这样的事实已经体现在不同组织的各个层面中。领导者遇到能力出色甚至超越自己的下属,并

第四章
打造魅力，有魅力才有领导力

不是什么可怕的事情，甚至可以看作企业发展的必然。对待这种必然性的正确态度是领导者能够正确调动这类员工的积极性。换而言之，领导者有多大的魄力去用人，就会有多大的提升空间来锻炼员工。

在信息经济时代，领导者更需要具备果断使用人才的胆魄和能力。人才本身就是稀缺资源，不积极发现和使用，这样的资源就会迅速流失。想要具备用人的魄力，除了要敢于起用比自己更强的下属之外，还要具备下列挑选和任用员工的眼光（见图4-4）。

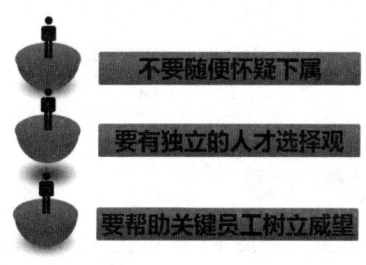

图4-4　领导者的知人善用能力

第一，不要随便怀疑下属。

许多中小企业领导最容易出现的问题就是对下属有着强烈的不信任。这种不信任即使只是埋藏在内心，也很容易造成在用人上的举棋不定。其实，对下属能力、业绩的猜疑，很多时候只是领导者主观上的想象和误解，其心理原因在于其缺乏足够的自信。

为了解决这样的问题，领导者必须要学会搜集更多可以体现下属能力的信息。更重要的是，领导者不妨学着多去观察一下下属的优点，为自己吃下一颗"定心丸"。

第二，要有独立的人才选择观。

由于中小企业家事务繁忙，他们很难真正抽出身来在企业内长期观察不同员工的工作行为。当企业需要选择和提拔人才时，领导者总希望通过咨询身边的老员工、老下属或者直接助手，来挑选出优秀的员工。这种想法自然有其合理之处，然而，作为企业的领导者，你还是需要有独立的人才选择观。

首先，你要清楚地了解企业下一步的发展阶段中最需要怎样的人才。企业内不同的部门管理者、不同的团队人员，对人才需求是不同的。因此，这些下属观察的视角自然不同，对同一个员工作出的评价也自然不同。但作为领导者，你必须要能够站在核心决策者的角度，有所舍弃，并果断选择出其中最符合你心目中的人，加以重用和提拔。

其次，你要懂得如何排除干扰。由于企业领导者喜欢咨询"创业元老"，结果经常出现挑选出的人才都接近同一类型，导致企业关键人才的结构单一、特点接近。事实上，你完全可以引入新的视角，例如邀请专业人力资源咨询专家，或聘请咨询公司来对企业员工业绩进行评测。这样，你就能够跳出现有圈子，得到新的评估标准。

第三，要帮助关键员工树立威望。

当你确定了新的关键员工，并授予他们职位和相应的权力之后，并不代表用人的准备工作已经结束了。由于组织整体文化、私人关系以及资源分配等影响，有可能让这些被重点关注的人才，难以获取宽松的工作和成长环境。为此，领导者还需要进行相应准备工作，例如将新的人才向企业元老加以推荐、介绍，布置一些容易出成绩的项目，带领他们参加行业交流，将他们介绍给主要客户和政府相关部门等，尽快让他们适应企业，也让企业的每个人能够认可他们。

毋庸置疑，当领导者果断帮助关键员工树立起威望之后，对其的重用也成为了所有人接受和尊重的现实。这样，领导者的用人计划也就能够顺利实施了。

 第五章

领导者的学习力至为关键

01 学习是领导者一辈子的事情

企业的运转离不开规章制度，这些规章制度既是领导力作用的具体体现，也是规范员工的风向标。如果没有规章制度，员工的行为就失去了控制，组织将必然陷入一片混乱。但是领导者管理企业也不能依靠一成不变的制度，而是要懂得顺势而为，及时对制度进行调整和改变。

社会在不断进步，经济在不断发展，企业中的人也在不断更新换代，因此，学习是领导者一辈子的事情，每位领导者都要拒绝墨守成规，顺势而为。

以上班时间的管理为例，大多数企业为了形成明确的作息制度，会规定出准确的上下班时间。一旦员工没有遵守这样的上下班时间，企业就会对其进行处罚。但采取这样的制度之后，企业也很容易出现另一种问题：在下班时间的前四十分钟左右，员工就已经选择偃旗息鼓，工作效率几乎降到一天的最低值。类似的固定时间制度，反而有可能在无形之间浪费了员工的大量时间。

正因为观察到这种现象，不少企业在其不同部门中推行了弹性工作制度。这种制度意味着，在工作业绩固定的前提下，员工可以自行安排工作的起止时间，不再受统一时间的约束。弹性工作制度能够对时间和空间的限制加以取消，实现个性化管理，员工个人需求和工作需求之间的矛盾能够被轻松化解。

最重要的是，在企业很多行政部门或知识岗位中，员工真正的价值不在于其工作时间，而在于其工作效率。如果能够在相对自由的氛围下工作，员工提高工作效率的可能性很大。

因此，领导者就应该考虑到其自主性工作特点，实行可伸缩的弹性工作制度。对员工来说，这种弹性上班制度能够增强他们的工作意愿、减少他们生活和工作的之间的矛盾；对企业而言，这种制度也能够减少加班，并进一步减少成本和增加利润。最终，整个企业的员工能够对劳动时间合理加以分配与使用，进而提高整个组织的创造性。

在这样的创新中可以看到，企业领导者并不需要在原则上打破企业原有制度，而是可以通过顺势而为,增强制度的灵活性。这样,既带动了组织的工作效率,也提升了员工对领导的满意程度。

对于领导者来说,任何事情只要换一个角度进行思考,有效打破常规,就能制订出高效、合理而又有价值的规章制度。

当然,这并不代表员工可以随心所欲。想要让制度符合现实情况,领导者不能忽视下面几项工作的重要性。

第一,修订制度前的周密准备。

在制订或改变制度之前,领导者要充分检验制度中每一项规定是否草率,是否真正经过了全面思考。例如主管者的责任安排是否妥善,不同部门和岗位围绕这一制度是否有了及时准确的联络。

想要看到制度执行取得应有成效,就要通过准备工作,将"势"酝酿充分(见图5-1)。这就如同老子所提倡的"将欲取之,必先予之"一样。否则,缺乏必要的"势",试图通过个人权威直接推进修订政策,难以收服员工的心,也看不到应有的效果。在积极准备之下,了解实际情况,整理分析不同问题,提出解决方法。然后再让不同的条件融汇聚合,形成合力,再对员工提出遵守制度的要求,才能起到应有效果。

图 5-1 事前准备工作要充分

第二，用革新思维克服懒惰习惯。

"周虽旧邦，其命维新"，中华传统文化并非人们想象的那种故步自封，而是充满了积极进取意识。同样，在追求领导者境界上升的过程中，企业老板也要积极打破常规思维，克服惰性和惯性。

"天行健，君子以自强不息"。领导者想要成长，就不能安于现状，不能依靠自身已有的经验和方法面对所有问题。相反，他们应该仿照自然界中天道运行的变化，随时准备好发现那些更新、更好的学习对象。不要总是相信所有人选择的领导模式，因为这样会很容易陷入邯郸学步的境地，失去个性和创造力；也不要总是相信企业历史上胜利的经验，越是这样的企业，背负的包袱就越重，使其过往的制度积重难返，无法提供新价值，反而成为负担……

面对惯性所可能带来的困境，领导者不妨给自己适当独处的时间。在对内心的观察和冥想中，跳出自己现有的角色，将企业现有情况想象成为一无所有、白手起家的状态。如此，清除杂念，推倒原来思维里的墙，积极探索制度的拓展与改变空间，有效克服懒惰的桎梏。

第三，要敢于融入新鲜血液。

一个长期封闭化的企业，看似安稳，实则拥有的文化已经逐渐僵死。为了避免这一情况，领导者应该审时度势，抓住市场提供的资源，通过资产收购、联合、兼并等手段，促成本企业资产同其他企业资产之间的融合。这样，随着员工的合理流动，不但让企业结构发生变化，更能让企业文化带来新的"势"。在新势头的冲击下，企业领导者会获得足够的启发，帮助企业打造出符合实际的制度。

无论制度在文字或功效上体现出的内容是什么，其最本源的价值和意义，无非是为了帮助领导者更好地带领组织实现既定目标。了解了这样的道理，领导者就可以站在更高层次去看待制度的意义和价值，让制度能够融会贯通、与时俱进，帮助领导者更好地管理企业。

02　把时间用在关键项目上

最常被挂在领导者嘴上的一个字就是"忙",每位领导者都深感时间的不够用,恨不得把一分钟掰开来用。领导者觉得每件事项都如此重要且紧急,在忙得晕头转向时,很容易造成顾此失彼的情况。

领导者面对时间不够用的困扰,应该如何分配时间呢?

对于这样的问题,早在一百年前,艾维·李就给出了答案。那时,伯利恒钢铁公司还是美国第二大的钢铁公司,时任公司董事长的查尔斯·施瓦布一直面临着工作效率和团队管理效率提升的难题。直到遇到了艾维·李,查尔斯·施瓦布的问题才得到了解决。

艾维·李被誉为"现代公共关系之父",对于效率提升,他有着自己的一套方法,于是人们也乐于将他称为"效率专家"。当了解到查尔斯·施瓦布的难题时,艾维·李直接来到了查尔斯·施瓦布的办公室对他说:"我这里有个秘诀,有了它,你们公司每个人的工作效率都会得到提升。不仅如此,管理层的团队工作也会有所改进,你们公司的销售业绩肯定能有个巨大的增长。而要实现这个目的也很简单,只需要让我和你们公司的管理者都见上一面。"

查尔斯·施瓦布虽然久闻艾维·李"效率专家"的大名,但他也不敢相信艾维·李能有这样的"魔力"。他将信将疑地问道:"这个秘诀要多少钱呢?"艾维的回答是:"免费。只要三个月后,你看到了它的效用,你就给我一张支票好了。至于支票上的数字嘛,你看着效果给就好。"对于这样的买卖,查尔斯·施瓦布自然没有理由不答应。

第二天,艾维·李又来到了查尔斯·施瓦布的公司,并占据了一间办公室,让公司的每个管理者轮流与自己见面。其实,他对该公司的管理者并不熟悉,之所以选择一对一的谈话,也只是为了管理者们能够真正地接纳并实施他提出的方案。而这个方案就是,"在接下来的三个月里,每天工作结束时,你都要列出一个清单。清单的内容是你第二天需要完成的最重要的六件事,并按照重要程度,将其进行排序。不一定非要是六件事，但一定不能超过六件事。"

公司的很多管理者在听到这番要求后，都感到惊奇。在他们想来，老总安排了这样一场"培训"，自己一定会收到一套厚厚的培训手册，而且要坐在那儿听上个把小时呢。谁知道这位"效率专家"连"效率培训"都进行得这么有效率！

面对管理者们的质疑，艾维·李只是简单地说道："就是这样了。你们只需要在完成一件事之后，在清单上划掉它，接着再做下一件事。如果哪天有列出的事情没有完成，就把它列在当天的清单中。"

对于这样简单的方法，公司的管理者们都自觉地照做了。三个月之后，查尔斯·施瓦布开给了艾维·李一张支票，上面的数字是35000美元！而当时美国工人的日均人均收入还停留在2美元！

艾维·李的高效工作方法就是时间管理法。说到底，所谓时间管理，其实是对事情的管理，即自我行为的管理。在时间管理的理念指导下，通过有效处理自己生活中的各类事务，进而达到个人生活及工作状态的改变和提升。

要管理好自己的时间，必须要关注事情的两大属性，即重要性和紧迫性。正是根据这两大属性，在新一代的时间管理理论中，时间管理的优先矩阵成为时间管理的基本工具（见图5-2）。

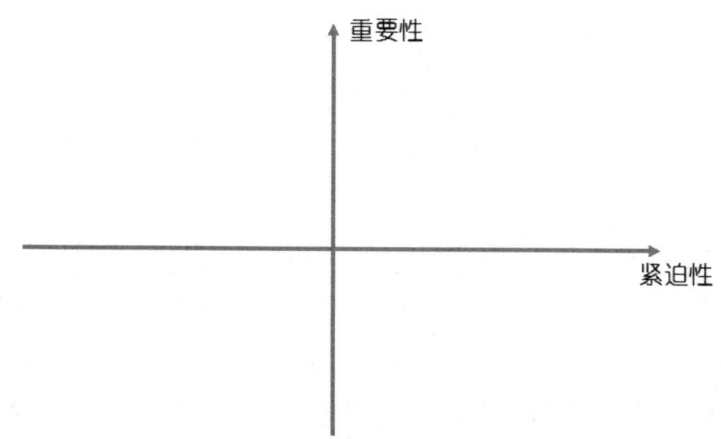

图5-2　时间管理的优先矩阵图

根据这样一张矩阵图，领导者就能更好地认识时间。所谓紧迫性，就是指所做的事情是否紧迫，是否需要立即处理，其中有多少可以拖延的时间；而重要性则与每个人的目标息息相关，根据每个人的目标不同，事物的重要性也有所不同，但相同的是，越有利于核心目标实现的事情，其重要性必然越大。

如果仔细回想一下自己的生活，你就会轻易地将自己所做的所有事情，按照这样一张矩阵图进行分类（见图5-3），将事情放入四个象限中，从第一到第四象限，分别是A、B、C、D类事件，即重要且紧迫，重要但不紧迫，紧迫但不重要，既不重要也不紧迫。

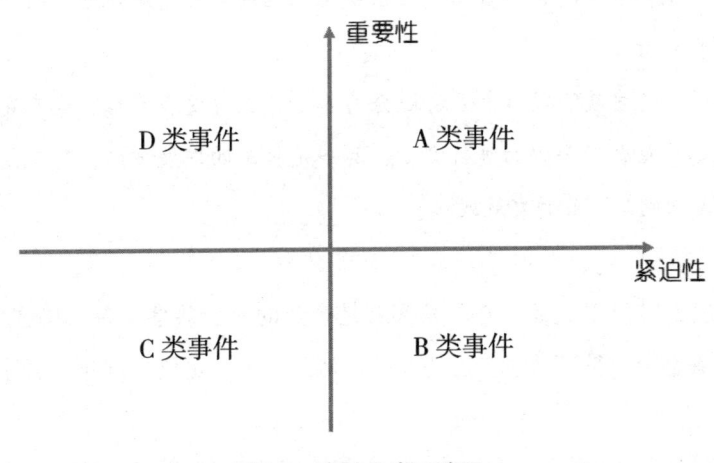

图 5-3　事件分类矩阵图

一旦领导者能够清晰地将工作中的各项事务按照优先矩阵图进行分类，其时间管理也将变得事半功倍。此时，领导者要做的，就是把时间用在关键项目上，即A类事件上。

03　与他人共享是最好的成长

人的成长过程，很大程度上与个人的职业发展相重叠。在大多数人的一生中，最重要的20～60岁，都是在职场中度过——无论是领导者，还是员工，都是如此。

打造你的领导力
——从"管人"到"管全局"的突破

领导者就是员工最重要的成长环境的引导者,所以也应承担起工作本身之外的职责,在实现自身成长的同时,帮助员工在工作中找到使命感,让工作本身成为一种幸福。幸福的本质是什么呢?正是意义和快乐。而在工作中,想要有意义和快乐,也需要员工具备工作岗位所需的能力。

卡莱特成立之初就建立了"员工关怀中心",就是帮助员工制作个人职业生涯规划。在新员工进入公司之初,部门主管会与员工开展深入的谈话,谈话的目的在于了解员工的全面信息,包括员工的兴趣爱好、能力素质、工作背景,等等,在此基础之上,主管要帮助员工制订出一个明确的职业发展规划,引导员工确定自身的发展方向。

根据员工的发展阶段,卡莱特还会为其量身制订发展策略。这套发展策略的制订标准需要结合三个方面进行考量,其一是员工的发展方向,其二是职位的能力需求,其三则是企业的发展战略。

卡莱特的"员工关怀中心"其实就是企业的一个共享平台。在这个平台里,每位领导者都会与员工共享自己的经验,帮助员工确定成长方向,引导他们走向成功。

这也不是一种纯粹的付出。其实,与他人共享,是最好的成长。

从组织发展来看,领导者将经验和技巧与员工共享,能够有效引导员工快速成长,从而帮助组织创造更多效益。这对于组织而言,就是最重要的成长。

而对领导者个人来说,在这种共享中,也可以紧跟时代步伐,了解每一位员工。这一过程也是一次思想碰撞的过程,能够推动领导者自身的成长。

沃尔玛公司中,领导者始终都是向员工敞开心扉的。从总裁开始,每个人佩戴的工牌上都只有名字而没有职务。在公司内部也不强调彼此的职务,见面都是直呼其名。这样,领导者看起来和普通员工没有什么不同,他自己就能带头做到表里如一,恰如其分地融入普通员工群体。

第五章
领导者的学习力至为关键

为了能够真诚地让员工了解自己的想法,在每次股东大会之后,沃尔玛的创始人山姆·沃尔顿都会邀请所有相关员工到自己家举办野餐会。

在野餐会上,他会和员工相互认识,大家畅所欲言,倾听对工作的看法,讨论企业的现状和未来。沃尔顿不会因为交谈对象的身份、岗位或资历就隐瞒自己的看法和观点,他希望更多的员工能够了解到领导者决策的每个细节,从而对公司有更加全面和真实的认识。

为此,他将股东会议的录像向所有员工开放,公司刊物《沃尔玛世界》也会随时对领导者决策的情况进行详细报道。

沃尔顿说:"我希望通过这样的方式,让我们团结得更为紧密,让大家亲如一家,为共同目标而奋斗。"

正是因为平等的共享精神,才让沃尔玛的员工能够对领导者有强烈的认同感,并具备了充分的主人翁意识。多年来,在零售行业中,沃尔玛的月薪显然并非是行业中最高的,但却吸引了许多员工,这是因为在沃尔玛,他们能知道领导者是怎样想的。

那么,领导者如何才能做到和员工真诚沟通、充分共享呢?具体如图 5-4 所示。

图 5-4　领导者学会沟通和共享

打造你的领导力
——从"管人"到"管全局"的突破

第一，选择最好的表达时机。

在不同时间段，每个人的认知、情绪状态都是不同的，这会直接影响到员工对决策的看法。因此时机很重要，领导者应该选择适当时机，根据员工心态和行动的具体特点来进行真诚沟通。

例如，当下属为自己所提出的新方案感到自信和欣喜的时候，领导者不应该马上就提出相反意见，否则，容易让下属感到你是在"嫉贤妒能"。相反，当员工较为偏执的看法和激烈的热情消退之后，领导者再推心置腹地和其交流，说出自己的看法，这会让员工感到乐于接受，并欣赏领导者的坦率真诚。

第二，在工作之余多进行双向交流。

工作场合中，每个人都需要担任自己的职场角色。这种状态下的领导者并不能总是做到畅所欲言。因此，领导者可以选择在非工作场合之下，同下属进行充分的双向交流。在非工作场合中，领导者在一定程度上不再需要"保持"职场形象，这种交流可以更轻松地让企业中所有人都印证领导者的真诚平和。领导者还可以多向下属提出请教性质的问题，表现出学习者的态度，敢于积极和快乐地向下属表达内心所想。这样，下属才能明白领导者的信心和力量从何而来。反之，如果领导者在工作以外的时间还要继续保持"官架子"，就会远离下属，可谓是一种悲哀。

第三，要有包容下属的雅量。

"海纳百川，有容乃大"，这是清朝末年林则徐的座右铭。无论是工作中还是工作之外，领导者和下级的合作、沟通，都会涉及不同方面的争论。这些争论不仅可能包括工作方面，也有可能只是围绕一些细节，甚至是和工作完全无关的事情。当产生争论之后，领导者必须要有包容之心，无论员工说的话是否正确，都不应该加以压制，也无需牢记心中。唯有这样，员工才能确认你的态度就是你的心声，才会认为你并不难以琢磨，进而才愿意和你保持持续的沟通和共享关系。

尊重你的员工，让他们时刻了解你，这样，你所获得的才是不断提高的威望。

04 培养高效的做事习惯

有一次，某企业的一个部门经理，要求各个主管在一天内分别做一份统计报告。

然而，几位主管一番讨论之后发现：要做好这份报告，需要2个小时的时间查阅资料；2个小时的时间咨询其他部门两位同事，而这两位同事各需要1个小时的准备时间；除此之外，还得有两个人统计数据，分别需要3个小时；最后，完成报告需要4个小时。他们顿时就傻眼了，"经理这是在为难我们吗？2+2+1+1+6+4=16(小时)！经理让我们在8个小时的工作时间里完成16个小时的工作！今晚又得熬夜加班了……"

但在几位主管互相抱怨时，其中一位主管却迅速找到了一个"双管齐下"的办法：8点上班，就通知要咨询的两位同事做好准备，并让两位主管开始统计数据；与此同时，开始查阅相关资料；10点时，两位同事已经做好准备，可以直接开始咨询；12点时，咨询结束了，此时，两位主管的统计工作也已完成，并审查一遍；午休；13：30点时，梳理报告；17点时，完成报告！

就这样，16个小时的工作，仅用了8个小时就已经完成。如果领导者能够培养出如此高效的做事习惯，那么，他们的一分钟或许真的可以"掰开来当作两分钟用"。

第一，学会时间统筹，让时间更有效率。

时间统筹就是要做到"双管齐下"，合理地统筹每一分钟和每一件事，让我们能够在有限的时间里，做更多的事，让时间变得更有效率。

比如在上述报告完成方案中，如果按照第一种方案操作，在其他部门同事准备被咨询时，这1个小时的时间做什么？在两位主管统计数据时，其他主管做什么?这些闲置的时间和人力,并没有被统筹,那时间自然没有效率。

时间统筹,就是在同一时间段里,尽量安排尽可能多的事情同时进行。然而,时间统筹并不意味着分散精力,而是以一种数学的方法,科学地安排时间进程,有效地减少那些无谓消耗的时间。

第二,懂得马上行动,让行动更有效率。

时间统筹能让你在既定时间里处理更多的事项,而马上行动,则能让你用更少的时间来处理既定事项。

汤姆·霍普金斯是当今世界第一的推销训练大师,他是全世界单年内销售房屋最多的业务员,平均每天卖出一幢房子的成绩,直到如今仍然是吉尼斯世界纪录,未曾被打破。全球接受过其训练的学生,更是超过了500万人!

可是,刚进入推销界时的霍普金斯却是那么落魄。付完房租的他,手头只剩下一个月的饭钱。但此时,他却毅然参加了一个推销培训班,学习各种推销理论。据他所说,"我的所有收获都源于那次学到的东西,后来,我又潜心学习,钻研心理学、公关学、市场学等理论,结合现代观念推销技巧,终于大获成功"。

在短短的3年内,霍普金斯就依靠房地产推销赚到了3000多万美元!从此之后,不仅是房地产,可口可乐、迪士尼、宝洁等众多世界知名企业,都邀请他去做推销策划。当人们问及他的秘诀时,他只有一个回答:"每当我遇到挫折的时候,我只有一个信念,那就是立刻行动,坚持到底。成功者绝不放弃,放弃者绝不会成功!"

"工欲善其事,必先利其器",提高工作效率确实有很多技巧和方法。一个好的方法能让努力事半功倍,让你走得比别人更快。但在这些技巧当中,最重要的方法就是高效的执行力。

05　如何以最低的成本作出最具价值的决策

领导者的一项重要职责就是作出决策，而这也是最让领导者头疼的问题。因为领导者的每一项决策，都会对组织发展造成直接影响。在 16 倍法则下，好的决策所带来的收益，可能是一般决策的 16 倍。

然而，一旦决策失误，也可能对组织造成巨大损伤。这也使得很多领导者对决策感到紧张，他们总是希望能够作出最具价值的决策，但在这样的决策过程中，往往也会因为耗费大量时间而错失机遇，也可能会因为投入大量成本而得不偿失。

潘石屹在他的《既要成功 也要成仁》一书中，回忆过这样一件事：他刚学开车时，很紧张，手里出汗，方向盘上都潮湿了。但等开车技术提高之后，人也就放松了。由此，他悟出一个道理：做企业家也是同样的道理，放松应该是最基本的，不要总是紧锁眉头，莫名紧张。也不要总是太把赚钱当回事。否则，成功就会离企业越来越远。

在进行决策之前，领导者首先要保持放松的心态。只有如此，你才能更加理性、客观地看待问题，从而以最低成本作出最具价值的决策。

第一，关注机会成本。

机会成本是指为了得到某种东西而放弃另外一些东西的最大价值。最简单的例子就是，如果只有一块农场，你选择了养鸡，就不能养猪，此时，如果猪价大涨，那你就错失了这次机会，也损失了相应的成本。

领导者在作出任何决策时，就意味着对其他选项的放弃。因为组织资源是有限的，你不可能选择所有选项，而这些放弃的选项就构成了机会成本。因此，在真正作出决策时，必须关注机会成本，你才能对决策质量进行更好的思考和判断。

第二，理性看待沉没成本。

沉没成本是指由于过去的决策已经发生了的，而不能由现在或将来的任何决策改变的成本。简单说就是已经发生的不可收回的支出，如时间、金钱、精力等。在经济界，沉没成本是最棘手的难题。如果你已经为了当下的决策投入了大量的时间和资源，但该决策已被证实失误，你是否会因为已投入的资源而继续投入，希望奇迹发生呢？

沉没成本是一种历史成本，对当前决策而言也是一种不可控的成本。但正是这一因素，往往会在很大程度上影响领导者的决策。因此，在作出决策时，领导者最好理性看待沉没成本，甚至要有意排除沉没成本的干扰。

第三，选择第三条出路。

领导者的决策通常是在有限的方案中选择较好的方案，而非选择解决问题的最佳方案。因此，决策时应当跳出问题，主动积极地创造其他更好的选择方案，而非让自己的思路受限。

领导者在对不同的选项进行对比判断时，可以将其换算成价值，从而进行投入与收益的比较，最终作出最具价值的决策。

06 第六章
领导者的制度管理与人情管理

打造你的领导力
——从"管人"到"管全局"的突破

01 领导者也是要遵守规则的

"无规矩不成方圆",在企业内更是如此。但规矩究竟应该怎样制定、如何执行才能顺应民意呢?规矩和管理之间如何协调才能让领导者高枕无忧呢?身为企业的最高负责人,无一不希望下属和员工具有明确的规则意识。因为只有当组织成员始终处于规则的引导和提醒下,他们才会更加密切地合作、更加努力地发挥其价值。但在企业中,破坏规则的往往不是普通员工,而是领导者自己。为了保证权威,抑或为了更"方便"地领导,他们常常选择打破原有的规矩,赋予自己所谓的"特权",推翻原有的规则。

领导者的言语和行动的覆盖范围关系到企业全局。因此,领导者违反规则,无论是从影响力还是破坏性来说,都远远超过员工。

企业领导者不仅要会制定游戏规则,还要能够亲身示范遵守游戏规则,更要懂得如何维护规则。只有时刻带着规则的意识去领导,才能做到孔子所说的"从心而不逾矩"。

某天,美国IBM公司前总裁汤姆斯·华森带领客户去参观公司的研究室。走到研究室门口时,门卫伸手拦住了他:"对不起先生,恐怕您不能进去,识别牌不对。"

原来,美国IBM公司规定,无论任何人进入研究室,都必须要佩戴上浅蓝色的识别牌。而如果是进入行政大楼,则可以佩戴粉红色识别牌。恰好今天会议日程紧急,华森和随行员工未能及时更换,佩戴的都是粉红色识别牌。面对门卫这样的要求,华森身边的董事长助理表现出些许不耐烦,他告诉门卫说面前的人是IBM的总裁。然而,门卫依然坚持说自己的岗位职责中并没有总裁就能例外这样的条款,必须按照规矩办事。

汤姆斯·华森随后的表现足以让许多企业领导者汗颜,他先是承认自己的疏忽,并要求所有人等待浅蓝色识别牌送来,并统一更换。

第六章
领导者的制度管理与人情管理

从表面上来看，规则是领导者制定的。但事实上，规则源自企业组织运行的需要，是一种客观存在的现实。领导者必须重视这种现实，如果他们自己都不尊重，又如何要求组织中其他成员去尊重呢？

在企业里，一个不尊重规则的员工会被认为是缺乏职业素养的人。同样，一个欠缺规则意识的领导者，也绝不会得到员工发自内心的拥护。更为现实的是，越是在中小企业里，领导者言行的扩散速度越快，他们只要对规则稍有轻视或违背，其态度就会立刻被员工看在眼里，并迅速传播开，成为员工暗中效仿的"黑洞"。因此，中小企业的领导者本身如何看待规则，决定了整个企业组织的运行是否会遵循科学原则，也决定了员工将怎样看待领导者。

按照规则行事，不仅意味着领导者要全身心地投入自己的工作之中，还要求领导者必须在各方面能够为员工做出积极表率。当领导有着良好表现时，他的个人品格才会得到员工们的拥护和爱戴。相反，如果领导者经常破坏规则，员工就会对这样的行为进行效仿，用最通俗的话来说，即"州官可以放火，百姓就可以点灯"。

当领导者感觉员工不再听从指挥，或者不再团结成为整体时，应该多从规则意识方面寻找问题。很多情况下，规则意识的欠缺是他们权威消失的最重要原因。

想要从根本上避免规则意识的欠缺，领导者应该从自身思想和行动开始改变。

如图 6-1 所示为制定规则的注意事项。

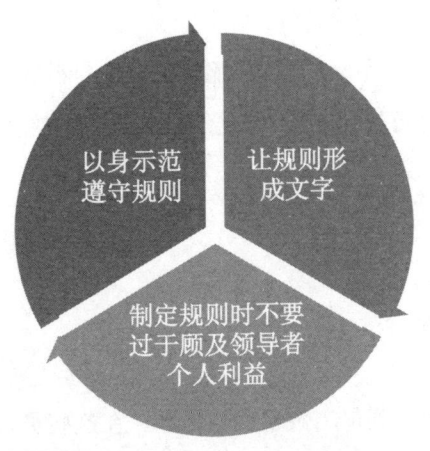

图 6-1　制定规则的注意事项

第一，以身示范，遵守规则。

在企业日常运行中，许多员工都会在内心描绘出一个优秀领导者的形象，并希望看到企业的领导者能够如此表现。只有这样，他们才感到身处的企业有希望，并愿意为之付出。正如领导力学者经常强调的那样，领导者必须要先管理好自己，否则他们无法领导其他人。

第二，让规则形成文字。

在企业内部，千万不要依靠所有人的心领神会来形成和推广规则。这种看似有效实则不成文的规则，只会带来更多的长期不确定性。即使整个企业中那些已经被普遍接受的不成文的规则，当新的成员进入时，由于理解上的差异，也有可能会被大量误读。同时，不成文的规则还容易创造出"权力空间"，当领导者破坏规则时，可以第一时间采用对自己有利的解释加以开脱。

为此，领导者必须要通过文字来强调规则，让员工真正理解其中的含义，也让自己清楚规则存在的意义。因为通过文字形成的规则能够公布于众，就可以起到提醒和约束领导者行为的作用。

第三，制定规则时不要过于顾及领导者个人利益。

身为领导者，也难免会在工作中出错。如果领导者想要获得下属的认同和追随，就绝不能提前去设想个人利益。

领导者在制定规则时，不妨适当压缩空间，给自己提出更多要求，一旦自己犯错就要公开对自己进行处罚。这不仅会树立领导者权威，也会增加员工内心深处对领导者的敬意。

02 制度的力量

企业发展规模越大，其员工数量也就越多。在这些员工之间，必然存在着利益冲突。处理这些冲突最有效的办法，不是领导者个人的意气用事，而是结合团

第六章
领导者的制度管理与人情管理

队具体情况所提出的被员工所认可的制度。

制度的力量是构成领导力的重要因素。有了到位的制度，团队成员对于组织的现状和未来就会有清晰的认识。如果他们都能按照制度来工作，即使领导者个人能力仍需完善，员工们也能有条不紊地主动提升自身的工作效率。

晋商是中国历史上组织建设影响最深远的地域商业集团。晋商之所以能够繁荣昌盛几百年，几乎控制了整个中国的金融命脉，其很大程度上在于其人才充足、领导得力。

晋商是如何做到这一点的呢？答案在于其制度。

晋商的制度建设，源自其多年秉承的"规矩"和持之以恒的领导。当两者完美结合之后，形成了全面的企业运行法则，其中包括企业治理制度、内部运营制度和人力资源管理制度等，而最核心的制度则是股份制、内控制度、激励制度、用人机制和约束机制。正是有了这些制度，晋商组织中的成员无论其职务高低、入职时间长短、贡献大小，都被企业家有效地笼络在一起。

例如，在晋商的股份制度中，企业股份分为银股和身股两部分。其中，银股是企业大股东资金，并为此承担无限责任，能够继承；身股则是晋商的独特创造，即给予那些并不出资的优秀员工的股份，员工能凭借这样的股份制度享受分红。

一位普通的小伙计进入票号，从学徒做起，到工作满十年之后，只要勤恳而没有重大过失，就可以开始享受身股。身股提升，小伙计也可能被提拔为三掌柜、二掌柜，成为企业的高管。反之，如果发生重大过失，员工就会被酌情扣除身股，直到开除。但只要伙计能够一辈子为票号辛苦奉献，到去世之后，其家人就能够领取三个账期的红利，即"故身股"。

晋商的股份制度让领导者对员工的物质奖惩形成了制度，而并非随性做出。晋商中任何企业，哪怕富可敌国，其领导者也需要遵从"规矩"行事。也正因如此，晋商字号的员工都非常珍惜获得身股的可能，他们中的绝大多数都会尽心竭力地工作，以回报这样的制度。

除了股份制度之外，晋商企业的管理制度也非常严谨，大部分晋商企业实行

打造你的领导力
——从"管人"到"管全局"的突破

总分支机构制度，总号在山西本地，分支机构则遍布全国。大股东通过掌柜，对分号实行集中管理、统一核算、统一资金调度，其中包括每年的考核、报告等固定工作。这些工作都已经形成制度，即为所有人所接受和尊重。例如，报告制度分为书面报告和口头报告两种，前者有正报、附报、行市、叙事报和年终报告五种；后者包括分号每日晚上面报主管、每年两次大掌柜巡视时分号掌柜的面报、班期回总号面报等。

除此之外，晋商的制度约束范围还深入员工生活，包括员工每天中午吃饭有几个菜、有多少肉、有多少酒、半个月的菜都不能重样等，都有一套明确的规矩。这些规矩维护了员工的切身利益，保证了他们的物质待遇，而这样的员工才会将领导看作自己可以信赖的领头人。

晋商在数百年前就形成了制度保障下的领导力，在现代化的中国市场经济下，更需要企业领导者有制度精神。通过在企业积极推动制度建设，领导者能够获得解决问题的有效依据，而不只是满足于逐一用个人权力解决问题。

通过打造制度、形成规矩，企业可以针对某一类型的问题形成有效解决办法、流程和相关规定。当企业在运转时再次碰到这类问题时，就具备了快速解决的依据，并保持企业组织行为的连续和一致。这样，员工才会对企业有充分的信心，对企业领导者发自内心地尊重。如果没有科学有效的制度，仅凭借领导者个人意愿来评价成效和解决问题，不但效率低下，还会产生波动风险。员工也会就此失去对组织和领导者的信任，甚至产生不满或恨意。

正因为制度具备承载领导力、传承规矩和笼络人心的重要意义，领导者才需要在强化权威的同时，不断地对制度进行优化和完善。尤其当制度开始执行之后，其执行的方式方法更会决定制度最终的效果。常见的能够提高制度执行力度的因素包括以下几点。

第一，不断完善制度的合理性。

领导者想要在员工眼中更加值得信任，就要让自己开创的制度更加合理。首先，他需要尽量让企业的核心价值观和经营管理理念在制度中表现出来；其次，随着企业发展阶段的不同，领导者需要及时进行调整，将制度简单化，让制度在防范风险的同时也能提升效率。

第二，让制度不断完备。

面对整个组织的领导和管理，中小企业老板更要认识到制度之间的关联性。各个岗位、各个部门之间由于各自的工作需要，会有不同的管理制度，但这些制度又必须形成合力。例如，企业的研发管理工作，不能只有相应的激励管理制度，还要从源头上设立关于项目立项的论证、审核制度。只有制度能够相互匹配、相互作用，整个企业的领导系统才会更加完备。

第三，围绕制度的执行积极沟通。

企业之所以需要制度，代表着的是从上而下所提出的要求。在具体执行制度的过程中，领导者需要向不同层级员工进行贯彻，包括制度制定的原则、目的和要求，以确保化解员工可能出现的质疑，达到预期效果。

第四，做好监督、检查、反馈工作。

制度能够获得很好的执行，其重要的保障还在于监督、检查和反馈工作。领导者需要及时去了解企业基层对制度执行的情况，并能够根据制度执行过程中出现的问题，及时进行调整、修订和完善。尤其重要的是，领导者需要在企业中建立相关的反馈机制与通道，并能够对制度执行情况加以全面掌握，从而及时对制度进行补充、完善和更新。

制度的建设和推进是领导力提升的重要方式，也是企业实际管理的重要组成部分。只有努力从细节上加强对不同层面制度的提升，并投入精力、注重完善，才能以制度的力量对员工更好地进行约束与笼络。

03 不因人情而破坏制度

领导力中的"领"，意味着引领整个企业组织运行的方向，既然是领，依靠的

打造你的领导力
——从"管人"到"管全局"的突破

就是明确目标、严格纪律;"导"代表的则是理顺矛盾、做出示范的管理工作行为,其出发点也是为了让员工能够用正确的工作方式来获得成长、取得业绩。

无论是"领"还是"导",都是企业老板实施个人影响力的过程。没有影响力,就没有领导力。

然而,在中国这个注重传统文化、讲究人情往来的国家中,领导者发挥自身影响力又常常会受到各种羁绊。制度推出虽然容易,但坚决执行却并不容易,尤其是当制度的执行关系到某个人、某个群体的切身利益,影响到其未来成长的结果时,领导者往往会难以狠下心来履行职责。同时,领导者内心也容易出现矛盾,因为执行制度有时候几乎等同于"得罪人",容易为领导者甚至整个企业带来"恶名",或者让企业彻底失去未来用人的可能……种种顾虑,让领导者经常面对着两难的抉择,究竟是顾及人情而松懈制度,还是选择公正坚持按照制度办事呢(见图6-2)?

图 6-2　人情和原则的关系

无疑,答案应该是后者。企业和组织是社会的组成部分,社会越是进步和发展,法律制度就越是具备约束力。同样,企业越是壮大,也越应该依靠制度来发挥领导者的影响力。然而,制度既是人制定出来的,也是由人执行和落实的。领导者面对的往往是执行制度和照顾员工情绪的矛盾。面对企业中那些违反制度的现象,领导者在人情层面容易陷入泥沼、举棋不定,或者顾及面子,或者怕得罪别人,又或者投鼠忌器,长此以往,最终结果必然会使制度涣散,领导者影响力降至冰点。需知,制度只有在确保会得到执行的时候,才能传递出领导者的权威,否则只会是废纸一张。

第六章
领导者的制度管理与人情管理

在制度和人情面前，一个选择了人情的领导，或许会受到员工一时的喜爱，但这无助于提高其个人影响力；相反，杰出的领导者会自然而然地拥有魔法般的影响力，原因在于他们更多是在用制度去改变组织，而不是用人情去拼凑团队。

巨人集团创始人史玉柱白手起家，打造出了现代创业史上的传奇案例。但他并没有因此而忽视规则的重要性。在一次节目上，他曾经向选手提出这样的问题："如果员工无意中损害了公司物品，按照规定需要赔偿10万元，但他本人没有赔偿能力。你会怎么办？"

在听完选手的回答后，史玉柱说："即使员工无法赔偿，作为老板，我也会私下和他谈，如果他真的是无意损坏的，钱我可以帮他进行垫付，但对外宣布依然是由他进行赔偿。并且知情圈仅限于我和他之间。"

在这样的案例中，有的领导者会动用权力去违背游戏规则，随心所欲地满足个人虚荣心的需求。如果史玉柱选择"赦免"员工，能得到这个员工的感激涕零，甚至一部分员工的称赞。但不难想象，如果这样选择，就等于背叛了整个企业的运行秩序，放弃了规则选择了人情，类似的事情会不断发生，而领导者对企业的掌控能力也会被大大削弱。

日本八佰伴集团曾经在20世纪90年代有着迅猛的发展。然而，随着企业整体的扩张，领导者和田一夫已经难以完全按照规则去掌控整个企业。

当时，和田一夫直接管理的全球总部发展情况良好，而其弟弟却在日本总部的经营中违反经营道德，为了表面上业绩好看而长期做假账。其实，和田一夫并非完全没有意识到，但他认为经营者是自己的弟弟，不可能做出不利于家族的事情，进而忽略了建立制度的重要性。最终，八佰伴集团的实际运行业绩每况愈下，终于在1997年突然破产，令人扼腕叹息。

八佰伴的破产说明，领导者仅仅建立和推行制度是远远不够的。当他们因为人情、面子或其他原因，放纵某些员工违背制度时，也同样会被整个企业轻视、被市场规律淘汰。

领导者一定要及时抓住机会，向企业成员不断重申制度的重要性，并让他们清楚自己的权威不可能被人情取代。为了保证自身充分的影响力，领导者需要做到以下几点。

第一，进行明确和公平的奖惩。

企业领导者在决定奖惩时必须要提供明确的标准和公平的举措。对任何员工的奖惩都和个人或集体情感无关，而只能和员工的工作效率、态度、能力、遵守制度的情况有关，不能碍于情面就取消惩罚，也不能因为个人喜好就盲目奖励。对于那些工作表现突出的员工，必须要进行公开奖励，在激励他们做到更好的同时，能够带动其他员工加以学习；对于那些违反了制度的员工，就要通过处罚来抑制类似行为的重复发生。

第二，"火炉原则"。

领导者制定制度的目的不是惩罚对企业组织，而是帮助组织发展。为此，领导者需要在保持对员工关心与尊重的基础上，行使"火炉原则"（见图6-3）。

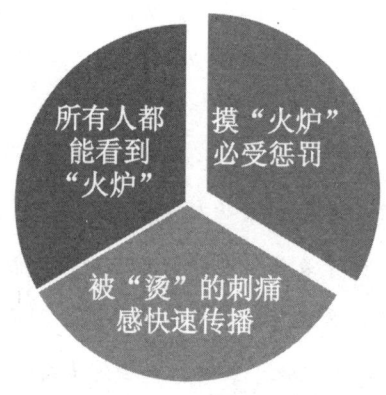

图6-3　火炉原则

第六章
领导者的制度管理与人情管理

首先,"火炉"的存在是可以被所有人看到的,每个人都能意识到"火炉"中的"火"。同样,领导不应该用私人推广(如打招呼等)方式来宣布制度,可以通过会议、正式座谈、通告、邮件等方式,在组织中宣布制度的内容,让所有人了解制度规定的要求和对应的奖惩措施。这样,即使有人违反制度而受到处罚,也不会受到太多情感上的冲击。

其次,摸到"火炉"被"烫"是必然的。只要有人敢摸"火炉",就会受到惩罚,这样的结果是必然的,不会因为情感变化而有所变化。同样,领导者必须坚持按照制度行事,从而在企业中产生这样的威慑效果。员工们会知道,如果没有按照制度去执行,无论有怎样的人情联系,都会受到相应的惩罚。

最后,摸到"火炉",被"烫"的刺痛感是迅速产生的,并非半小时或更长时间之后才会出现。从心理学上来看,一个行为完成之后得到结果的时间越短,对完成者的刺激就会越大。领导者必须要做到无视情面、当断则断,迅速让违背制度者受到处罚、感受痛苦,才能减少其以后再次犯错的可能性。

第三,人情管理,制度保障。

提倡领导者立足于制度来对企业加以管理,并非完全不讲人情。实际上,人情完全能够成为制度之外的辅助措施。领导者可以用人情手段对制度所未能覆盖到的范围加以处理。例如,某企业高管在业绩上有所退步,按照企业制度规定,领导者必须对其奖金加以扣减,但下班之后,领导者依然可以利用人情关系,与其坐在一起好好沟通说明,商量出解决办法,甚至可以喝上一杯。这样,制度和人情都得到了充分利用,下属心中的不快顿时消减。

合理的人情手段加上稳定的制度,才能够打造出企业内全面、立体的领导力体系。不过需要注意的是,无论何种感情手段,在领导过程中都只能是暂时性和偶然性的。领导者必须防止任何一种人情关系被普遍运用在领导过程中,因为这样的情感很容易取代制度,导致领导力的削弱和员工的不信任。

04　不公平，击溃的不止是领导者的威信

做企业，其工作内容是提供产品和服务，进而从社会的回报中获得利润。但稍微深入接触过实际业务的人都明白，做企业就等同于做人。做人越出色，企业做成功的机会就越大，企业遭遇困难的风险就越小。许多事业有成的企业家不仅管理有方，同时为人随和踏实；相反，那些经营不善的企业主，往往或多或少具有偏狭、刻板的思维特征。

做人的差别会直接体现到企业的经营结果上。这一现象很大程度上说明，领导者如何看待企业、看待员工是相当重要的。不会正确待人接物的老板，即使工作再努力也很难获得员工的拥戴。其中最典型的问题就表现在管理时的公平性的缺失。

春秋时期，晋平公问首辅祁黄羊说："南阳的地方没有掌管，谁适合出任？"祁黄羊回答说："解狐很适合。"晋平公不解地问道："他不是你的仇人吗？"祁黄羊回答说："您问的只是谁适合出任，并没有问谁是我的仇人。"于是，解狐担任了南阳的地方官，朝野上下一片称赞。过了一段时间，晋平公又问祁黄羊："国家军事统帅空缺，谁适宜担任？"祁黄羊回答说："祁午适合。"平公又问道："他不是你的儿子吗？"祁黄羊回答说："您问的是谁合适，并没有问谁是我的儿子啊。"于是祁午被任命为军队统帅。这段故事后来被称为"举贤不避亲，任能不避仇"。

试想，如果祁黄羊在举荐南阳地方官时刻意不提起仇人，在举荐军队统帅时又为了避嫌而忽视儿子，那么整个政府组织运行的效率必然会受到影响。心怀不满的组织成员也会增多。这一故事，恰恰体现了公平原则的重要性。

无论贫穷贵贱、生活境遇如何，绝大多数中国人的灵魂深处永远存在着一个至公无私的大同世界。在这样的世界中，每个人都能获得公平的待遇，不会遭遇委屈和不公。这样的梦想远从数千年前的封建时代，经过漫长岁月，虽经历了战乱、革命和社会形态的变更，依然未曾消散。在企业从组建到运行的过程中，公平性因素同样重要，一旦企业领导者表现出不公平的倾向，影响到的将不仅是物

质利益的分配，而且会成为员工的"心病"。

"不患寡而患不均"，企业中的不均，来自每个员工感受到自己所受待遇和所付出之间的不对等。具体来看，在今天的中小企业中，普通员工首先就会关注物质待遇，即物质利益的分配。

从入职开始，员工就会观察并思考自己能为企业付出多少劳动，又能获得多少物质回报。他们会计算自己为企业工作的年限、做出的业绩以及付出的情感。随后，他们还会计算自己拿到了何种等级的工资、奖金、分红。当这样的内心考量结束之后，由于漫长中国传统形成的乡土人情文化的影响，他们很自然地会用自己的计算结果，去对比身边其他人的计算结果。这些人包括他的同事、上下级，再到朋友、同学和亲戚……

经过如此复杂而模糊的计算，每个员工不但会关心收入的绝对值，还会关心这个数值和其他人所得收入之间的对比。在比较之后，如果他们承认其关系对等，就会认可领导者的公平性，并能以正确的态度投入工作。反之，其内心就会产生怨气，继而不再积极工作。

此外，员工虽然会对自身工作的内容缺乏深入观察，但他们却会敏锐地观察到组织内部存在的偏颇现象。一旦领导者在收入分配上表现出些许偏心，就会在他们眼中不断放大，引起对外议论、传播和抵触，最终导致企业其他举措陷入困局。

因此，企业领导者在收入分配上的公平性至关重要。领导者必须尽量满足渗透在员工思想中的大同追求，即使不可能做到收入分配绝对合理，也应该做到相对公平并足以服众。

一个聪明的领导者会通过以下方法，为企业设置出公平的氛围（见图6-4）。

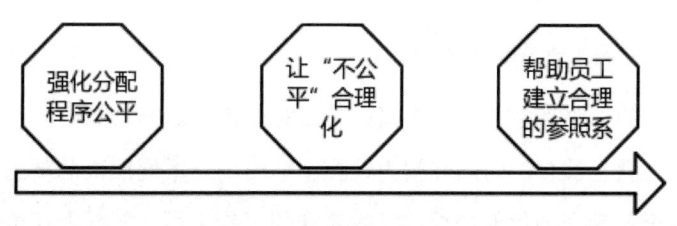

图6-4 设置公平的氛围

第一，强化分配程序公平。

要让企业的氛围尽量公平合理，不仅要实行按劳分配，而且要防止员工在收入比较过程中产生不公之感。程序公平的重点在于如何看待利益分配的控制和解释权。员工希望也能拥有这样的权利，从而获得应有的机会去掌控分配结果，并能获得对结果的解释。领导者则应该围绕这两点设计一系列机制，让权利真正一定程度上分配到每个基层员工手上，通过他们的反馈与沟通，形成上下统一的分配体系，确保信息传达和沟通的准确性。

第二，让"不公平"合理化。

在各种关于领导力、管理的书上，公平因素被一而再地提及。但在当下的大多数企业中，完全公平不可能做到。企业领导者面对的机会有限，资源更是有限，在追求效率的同时，不可能完全做到员工眼中的"公平"。一味盲目追求"公平"，必然会导致新的不公平感在组织内部弥漫。

为此，企业领导者需要设计出合理的制度，让"不公平"的事实看起来合理化。例如，在企业内部设立不同等级的福利制度，数量上并不平均，但只要向员工清楚展示业绩和福利的关联关系，让员工找到努力获得高福利的途径，他们就不会因为表面上的不公平而对企业失去信心。

对"不公平"的合理化表达，要根据企业的实际情况、员工的心理特征等不同因素进行制定，凸显其科学性与合理性。因此，即使企业家工作再忙，也应该在不同场合，随时注意观察员工的情绪，一旦发现他们对分配存在不满心理，就应该通过积极的措施调整员工对投入和获得的看法，达到及时重塑公正形象的目的。

第三，帮助员工建立合理的参照系。

绝大多数的不公平来自员工在错误参照和对比之后所形成的心理落差。企业领导者应该花费足够多的时间和精力，在企业内引导不同层次的员工，清楚了解自身贡献为企业带来的价值差异。完成这样的工作之后，领导者还可以进行一定

第六章
领导者的制度管理与人情管理

程度的待遇信息公开，同时采取师徒结对、部门沟通等方式，让员工找到正确的对象来加以比对，从而形成良好的心态来认识自己所得的待遇。

保证领导力良性运转的关键在于领导者是否能给员工带来公平公正的环境、能否将不利于公平的因素完全根除。公平的分配体系和科学的沟通机制，能够从理念到制度上凸显公平，让员工如沐春风，并愿意为企业长久地工作。

05 如何做到"亲不溢美，疏不掩功"

每个领导者都肩负着提高员工积极性的职责。领导者的职责要求他们对员工的工作加以正确评价，客观地评述员工为组织做出的贡献，并以此进行奖惩。在此过程中，领导者必须要杜绝主观印象的干扰，做到真正的"亲不溢美，疏不掩功"。

柳传志是联想集团的创始人，当他奠定了企业发展的基础之后，在众多下属中，看中了杨元庆作为自己的接班人。很快，杨元庆被提拔到公司高层，成为总经理，获得了更大的施展空间。但1996年，杨元庆遭遇了职业生涯中从未遇到过的挫折。

在此之前，柳传志非常欣赏杨元庆的个性。杨元庆积极进取、勇于挑战权威，某种程度上和年轻时候的柳传志很像。但当他成为公司高管之后，却因为这种性格而面临着危机。不仅是公司中的老人，包括部分年轻人也开始反对杨元庆。因为他的个性令许多人无法忍受，即使其看法正确，也经常由于锋芒毕露而导致许多人心生不满。一些人甚至直接找到柳传志，要求他撤换杨元庆。

面对这种情况，柳传志一度十分为难。他欣赏杨元庆，情感上也能够理解这个年轻人，但他更清楚自己需要做出决定，让这个年轻人改正错误、学会妥协。

在某个晚上，杨元庆按照通知来到公司505会议室。等待片刻之后，柳传志带着公司的几位元老走进房间。还没等杨元庆反应过来，面容严肃的柳传志开口就是

打造你的领导力
——从"管人"到"管全局"的突破

一顿指责和批评。他说:"现在,微机事业部的工作虽然有了不少业绩。但是,周围的人认同的并不多。你在工作中,经常想怎么干就怎么干,并不顾及周围人的感受。你不要认为自己所得到的一切都是理所当然的,要知道这个舞台是我们所有人顶着巨大压力给你打造起来的。你应该和大家同舟共济,逐步树立你的威信,争取更大的舞台和天地,而不是一股劲地往前冲,否则你毫不妥协,要我怎么做?"

一顿批评之后,柳传志当场宣布了两个决定:

第一,杨元庆在一年内必须学会什么叫妥协。

第二,杨元庆的一位重要下属马上调任到企划部工作。

面对这样的批评,杨元庆觉得十分委屈,他只说了句:"我们一番辛苦,没想到……"就失声痛哭。过了一会儿,他才渐渐平静,并表态同意。多年之后,回忆起这件事,在场的人还是说:"柳老板严厉起来真是吓人,他那天虽然没拍桌子,但正是不怒自威。"

就这样,柳传志终于以一次严厉的批评向杨元庆指出了其错误,促使其顿悟。

无论是不是家族企业,领导者对内对外的人脉关系始终是企业背后重要的推动力量。在我国长期的农耕文化的影响下,中国人重视的是家庭关系,习惯以家族为中心、以亲疏远近来确定人们的地位高低。这样的血缘式观念,早已渗透进民族意识中,自然会影响到每个企业领导者。面对纷纭复杂的人事关系,企业领导很容易产生最本能的信赖感,即相信和自己私人关系较好的下属,觉得他们总是能发挥出更多的能力、创造出更好的业绩。而那些同自己关系较为普通、情感比较疏远的员工,其表现评价就总是倾向于被不断弱化。

虽然大多数中小企业领导者都会或多或少有上述领导习惯,但只有真正成熟的领导者才懂得把握好分寸,懂得如何去不分亲疏、统一标准地评价员工。这是因为对员工的评价意义重大:从个体来看,对每个员工的评价是展示和反馈其工作价值,进而预示其潜力和机会;从集体层面来看,对每个员工的评价可以保证组织内部的管理体系始终公平运转,实现充分的奖优罚劣作用。因此,领导者不能忽视评价员工的公平原则。

第六章
领导者的制度管理与人情管理

第一，评价员工不要戴有色眼镜。

由于个人性格、工作习惯等方面的原因，很多领导者会不由自主地按照第一印象对下属进行"打分"：哪些人和自己投缘、哪些人更服从自己、哪些人看上去就不大听话、哪些人喜欢提意见和看法……但不要忘记，进行这样的亲疏划分时，领导者实际上也将组织中不少员工排除到了可以重用的人才群体之外，从一开始就认定了这些员工无法为组织贡献全部力量。

为了客观公正地评价员工，领导者应该追求"中"的法则（见图6-5）。

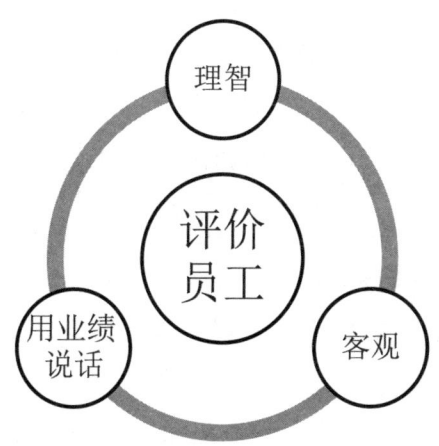

图6-5　评价员工的"中"的法则

所谓"中"，意味着无论你的情感上有怎样的倾向性，但在理智上，始终要把自己的内心放置于"中"的位置。所谓"中"，就是不偏不倚、不带主观色彩，单纯地将自己看作只负责评价能力和业绩的考官，而不是为了谋求利益。坚守这样的角色本分之后，当领导者再去看待员工时，就不会因为亲疏远近而有失偏颇了。

第二，广泛征求意见。

对于那些既有能力又受到领导者喜爱的员工，在奖励或提拔的过程中，领导者应该更加谨慎。这种谨慎并不意味着刻意放慢培养速度，而是需要你经常征求其他人对他的看法：从你身边共同管理企业的领导班子成员到与该员工共同工作的同事和下属，都应该有机会对他提出自己的看法。

此时之所以需要这样，是由领导者的特殊身份所决定的。

企业的最高决策者往往手握大权，一举一动都会被有效放大。他们在管理进程中无意识流露出的某种欣赏态度，很容易形成"亲者溢美"的表现。在服从文化下浸染出的下属们看来，这自然是跟随领导者表态的最佳机会。结果，整个企业从上到下，都会支持对那些领导者眼中"红人"的奖励或提拔。

这样，领导者的双眼就被蒙蔽了，在此种状态下做出的人事决定，反而有可能出现不利影响。因此，在提拔优秀员工之前，领导者可以刻意低调，不发表对员工的看法，而是让其他人来对他加以评价。一旦这些评价中出现真诚的批评意见，领导者就要加以分析，看看是否真的存在空间促进那些优秀员工可以提高或反省。这对于员工个人和企业集体都有极大的益处。

第三，拉近原本疏远的关系。

领导者有欣赏的员工就会有疏远的员工，这并不奇怪。但领导者需要拉近与那些原本疏远的员工的关系。

人和人之间的疏远的原因有多方面，其中很多关系看似简单实则复杂，包括现实层面中缺少关联，也源于精神追求上的不一致、共同语言的缺乏、性格上的反差等。此外，也深受典型的中国式"乡党""圈子"文化的影响。

但在绝大多数中小企业中，员工数量不可能多到难以拉近的程度，关键还要看领导者是否想拉近上下级关系。诚然，企业领导者可以在情感上设立不同圈子，如将员工分为"最重要的""普通的""疏远的"，但你更需要设法让那些处于外层圈子的员工，进入内层圈子，从"疏远"走向"普通"，从"普通"走向"最重要"。这样，才符合中国人以和为贵、同舟共济的文化理念，同时也是企业领导者自我能力提升的关键过程。

为此，领导者不妨学着去欣赏那些和自己接触较少、表现似乎也不足以打动你的下属。可以从细节上发现他们的过人之处并随时提出表扬，即使这些细节只不过是他们和其自身相比的进步，领导者也可以及时夸赞。领导者表现出这样的态度，下属会获得激励，同领导者之间的情感也会进一步拉近，有利于企业整体的进步。

06 多给有能力者"吃干饭"的机会

古人云，"重赏之下，必有勇夫"。这句话看似肤浅，但却抓住了人性中最为本质的追求：员工是不是愿意充分施展能力，同制度能带给他的直接利益的多少有直接关系。用俗话来形容，就是"吃干饭，卖力气；吃稀饭，会偷懒"。

近年来，随着媒体资讯的发达，对历史事实的回忆和反思也逐渐开始萌发。人们越来越清晰地看到，即使在"万恶的旧社会"，大多数地主对待那些可以自由选择雇主的长工，也必须秉承"吃干饭，卖力气"的原则。

民国时期，长工大都是在每年的二月初一到地主家上工。当天的惯例是地主家炒四个菜、烫一壶酒，即使是穷地主家，也要炒四个蔬菜并用当地的白干酒来表示欢迎。到了二月十五，还是同样的规矩。之后每个月的初一、十五都是如此。

下田劳作期间，每天天一亮，长工不吃饭就会下地干活。尤其是夏天，四点半时长工就会开始劳作。到上午八九点钟，东家会挑着饭、碗筷和水罐子到田地里送饭。一般情况下，每位长工要吃一碗手擀面，而那时候中国北方的白面已经是很好的食物了。如果吃不饱，还可以加小米干饭，咸菜管够，这顿饭叫作头歇饭。

到了上午十一点半左右吃晌午饭。之后长工们可以到树荫下睡觉，睡到下午两点左右起来继续干活。如果有人饿了，还可以再随时吃饭，地主会用柳条编造的大斗壳，将小米干饭放到地里方便长工随时吃。

到了夏天结束时，长工们上午耕作，中午就回家吃饭。一般地，东家都要给

打造你的领导力
——从"管人"到"管全局"的突破

长工吃糕，即北方用高粱米磨细后蒸熟的黄糕。因为锄地费劲，这样的食物吃下去才耐饿。一直劳作到秋季，大约十一月二十九或三十那天晚上，东家会给长工算工钱。除了长工头之外，每人的工钱都是三石六斗小米，折合今天的市斤为2000斤左右。最后，再吃一次酒，以便拉拢关系，明年继续雇佣他们。

在漫长的封建社会，除了战乱、饥荒之外，绝大多数地主和长工之间的经济关系就是如此平衡而协调。地主需要长工卖力气干活提高耕作效率，而长工需要的是拿到足以保证一家老小生活无忧的收入。除此之外，长工还要有确保自己能维持体力和健康的生活水平。这样的合作关系，决定了地主必须给长工吃好的，甚至在农忙时节还要比家中女眷吃得更好。

在今天的企业中，劳动形式早已不是简单的下田劳作，浸润在员工精神中的需求却依然和历史影像相差无几。经济发展、社会进步，谋求个人和家庭生活条件的不断改善，始终是职场上绝大多数人的共同需求。员工获取薪资的多少，无疑始终是领导力实现的重要保障。领导者想要有效引导和控制员工，就必须为那些有能力的员工给出高薪。

当那些能力较高的员工进入企业、付出辛劳并有所成就之后，他们期待着能够获得足够的回报。这些回报不仅要让他们能够感到安全，还要满足他们个人的价值感，带给他们情绪上的安慰，形成更强的工作动力。当企业有了这样的激励机制之后，那些工作业绩不足的员工，为了获得更好的生活条件，也会努力谋求加薪，从而体会到别人感受到的喜悦。

因此，聪明的领导者不会设法压低员工的收入，相反，他会用看得见、摸得着的物质刺激来激励员工努力工作。那种希望从下属的"口粮"里面"抠"出成本，或者奉行平均主义、爱干不干的企业，只能充当整个行业的"培训学校"，难以留住真正的人才。

那么，企业如何确保高能力员工能够在薪酬上获得最大的满足呢？具体如图6–6所示。

第六章
领导者的制度管理与人情管理

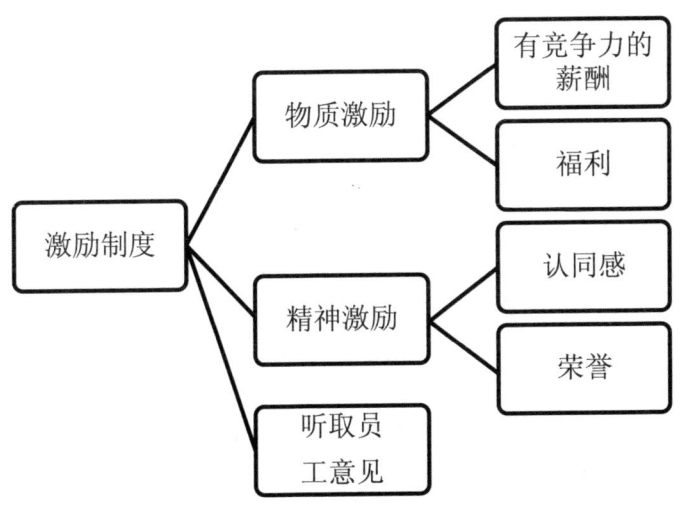

图 6-6 激励员工的措施

第一，让员工获得更有竞争力的薪酬、福利。

对于那些在地域内或行业中已经取得相当地位的企业来说，尤其需要支付更有竞争力的工资给优秀员工。相对其他企业来说更高的报酬、福利能够带给员工更高的满意度，否则就只能带来更高的离职率。

企业领导者可以设计有效的观察和评估机制，每年对整个行业或地域的同行业企业工资结构进行分析比较。尤其需要注意提供给精英员工"顶级薪酬"，因为这个层次的薪酬数量，往往是最容易引起员工关注的。如果需要调整，就应该当机立断，迅速执行到位。

拥有结构合理、积极调整的绩效薪酬、福利制度，优秀的员工才能被更好地留住，而表现较差的员工也将没有在企业继续待下去的空间和勇气，这样，人才队伍就会形成良性循环，充分优化。

第二，注重精神报酬。

报酬可以划分为两种：物质部分和精神部分。物质报酬主要包括企业组织向优秀员工提供的工资、津贴、期权和晋升机会等，而精神部分则概指整个组织向员工所给出的认同感和荣誉感。领导者除了用物质去吸引高能力员工之外，还要赋予这些员工足够的成就感，更高的重视程度、影响力、个人价值体现等精神收获。

第三，听取员工对薪酬制度的意见。

无数企业的领导实践证明，如果员工不能参加对薪酬制度的设计和管理，高能力员工往往难以达到持续的满意。如果领导者在制定薪酬制度时，能够更多地听取和考虑员工的意见，无疑有助于建立适合员工需求的工作氛围。

在进行薪酬制度设计的过程中，可以和员工围绕报酬的政策进行讨论。通过询问或者填写调查报表，可以了解到员工关心的究竟是什么，并且有目的、有针对性地加以改变。这样，领导者和员工之间的相互信任机制会就此诞生，已有的薪资系统经过改进也能让那些有才能的员工更加满意。

07　把荣誉还给下属

聪明的领导者擅长用荣誉来激励员工。和物质激励不同，荣誉可以让员工有更多"独一无二"的心理感受，他们会确信自身和企业不仅仅是利益联系，更有着精神上的相互需要。当员工从领导者的手中接过他们意想不到的荣誉时，其效果丝毫不亚于从企业的年底分红中拿到一辆好车、一笔房屋的首付款。

企业之所以要用员工意想不到的荣誉去激励他们，是因为大多数中国人都发自内心地渴求获得光宗耀祖的机会。许多员工，其背景或者来自农村、县城，或者来自三四线城市，即便是从一线城市走出来的，也大都是普通家庭出身。就算员工的家境宽裕，但一般而言并没有享受过政治和社会意义的荣誉，缺少传扬名声的体验。

正因如此，无论是员工自己还是其身边的家人都会对企业的分配和奖励机制有所期待。他们想要在获得物质满足的同时，得到未曾获得过的承认感、自豪感，这能够同个人荣誉紧密联系在一起。

因此，对于那些做出一定贡献的高能力、高业绩员工，或者某方面工作表现

第六章
领导者的制度管理与人情管理

与众不同的员工，领导者应该积极给予荣誉。

晚清重臣曾国藩，有着超强的个人领导力。他以一名赋闲文官的身份，几乎是白手起家，建立了数万湘军队伍，并从太平天国手中夺回了武昌、岳州和汉阳等重要城市。

为了能够彰显湘军的功绩，曾国藩特意向朝廷上书，为下属提出犒赏的请求。朝廷很快就同意了。但曾国藩觉得，只有金钱奖励还是不够的，他再三思量之后，打算举行一次隆重的仪式，让部下中那些最勇敢的士兵拥有与众不同的荣誉，这样，他们就会在作战时更加勇敢，而其他将士也会纷纷效仿。

曾国藩决定，以个人的名义向有功将士赠送一把腰刀。这不仅是赞扬他们的勇敢表现，还充分表现了自己对其的看重，能够让获得荣誉的人心怀感念，始终为之骄傲。于是他让工匠日夜赶工，锻造了五十把精美腰刀。等腰刀铸好之后，他下令召集有功将士，让他们在校场听候命令。

士兵们等了许久，曾国藩终于从厅堂里走出来。他全身上下穿着隆重的朝服，和平时朴素简单的形象截然不同。正当将士们摸不着头脑时，曾国藩说："诸位将士辛苦了，近日，皇上听说你们的英勇事迹，封赏了大家。今天，本帅召集大家，是想要表达本帅的区区谢意，为有功之士送上一件礼物。"

说完，曾国藩示意手下将腰刀抬了上来。木箱打开后，他拿起一把腰刀向将士们展示。人们看到刀面正中刻上了"殄灭丑类，尽忠王事"八个大字，旁边则用小字镌刻着"涤生（曾国藩字涤生）赠"。曾国藩亲自一个个报出将士的名字，然后双手将腰刀送给他们。

那些被提到名字的将士，激动得说不出话来，他们拿到腰刀之后爱不释手，翻来覆去地看，满面喜色。而那些没有得到腰刀的人，啧啧赞叹之余又流露出羡慕的表情……

通过这次打破常规的授刀仪式，曾国藩真正收服了湘军全体将士的心，最终取得了战争的胜利。

纵观历史长河，领导者授予下属意想不到的荣誉经常会起到很好的效果。领导者之所以需要这样做，是为了让下属在惊喜的冲击体验下，获得足够的精神回报，让他们由于工作而得到炫耀的资本，在获得这种心理上的认可的资本之后，他们就更加不愿意失去，企业也可以达到长期激励员工努力的目的。

在向员工授予特殊荣誉的同时，领导者需要注意哪些事项呢？

第一，个人荣誉和集体荣誉的结合。

虽然领导者需要给员工意想不到的荣誉，但这种荣誉从外表到实质，都不应该只属于其个人。相反，只有将其和集体荣誉进行充分结合，员工才会更加意识到这种荣誉的珍贵，会更加努力地用实际行动来珍惜（见图6-7）。

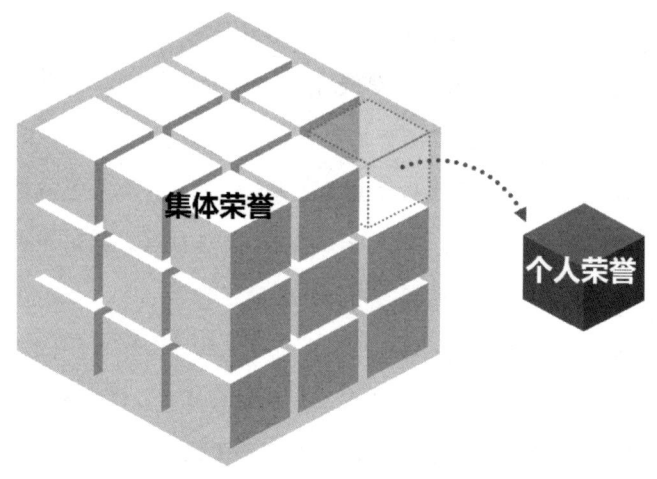

图6-7　个人荣誉和集体荣誉的关系

领导者要在组织中积极设立和授予集体荣誉，培养部门内部的整体意识。让员工能为在如此优秀的组织和团队中工作而感到满足和光荣，这样，他们就会从内心生成自觉争取和维护集体荣誉的动力。

此外，领导者在授予荣誉的时候，要注意扩大表扬范围，从优秀员工的个体向其所在的团队进行推及，让员工能够感受到个人和集体荣誉之间的分享关系；要经常利用多种形式的荣誉授予机制，让员工形成"我们是最棒的"的意识；还

第六章
领导者的制度管理与人情管理

可以开展部门之间的比赛、挑战等，激发其竞争荣誉的意识。这样，员工个人和集体都获得了荣誉感，也都能产生更大的努力积极性。

第二，领导者个人不应"贪功"。

当一个人获得荣誉时，代表着其个人贡献得到外界的承认，自然会产生愉悦体验。企业领导者对于荣誉的渴求也从不例外。然而，当你致力于提高对组织领导力的时候，个人就必须放弃对荣誉的过多追逐，而是要选择将可以分享的荣誉分享出去。

在华为，有着对员工发放的种种奖励，如创新奖、协作奖、攻关奖以及不同的单项奖等。但董事长任正非本人却从不参加任何奖项评选，对外也从没有代表华为登上过任何领奖台。他看待名誉如同浮云，总是将荣誉分享给手下员工。正因如此，华为才能跻身世界500强，成为在国际上具有影响力的优秀民营企业。

无论企业规模大小，创办和领导企业的人都不可能没有功利心和事业心。但越是这样，他们越是必须要懂得谦和之道，懂得如何在野心和分享之间获取充分的内心平衡。

第三，采取多种形式的荣誉激励方式。

大多数企业只懂得采用普通的荣誉激励方式，因此很难谈得上让员工"出其不意"地得到内心冲击。领导者应该犹如游乐园的老板那样，设计出多样化的荣誉激励方式，想方设法让员工"乐而忘返"。

在IBM公司的"百分百俱乐部"中，公司员工一旦完成工作业绩任务，他和家人都会被邀请参与到俱乐部的聚会中；玫凯琳公司在表彰员工时，会专门租借体育场，让销售业绩最好的员工同时尚明星一起乘坐车辆进入会场，并鼓动全场员工共同呼喊销售状元的名字……

无论采取怎样的荣誉激励方式，都应该做到"张扬""大气""持久"，对于越来越年轻化、网络化生存的中小企业新生代员工来说，这一点尤为重要。

08　奖惩也要依规矩，不能顺意而为

领导者的魅力除了来自其个人，还来自其为员工树立的榜样。众所周知，树立榜样最简单和直观的方法就是奖惩。领导者需要奖励那些领先的员工，惩罚那些违背制度的员工，从而刺激员工的工作积极性，淘汰平庸者。由此，员工自然就会知道应该保持怎样的工作状态。

先秦韩非子曾经留下过这样的论述："明主之所导制其臣者，二柄而已矣。二柄者，刑德也。何谓刑德？曰：杀戮之谓刑，庆赏之谓德。"也就是说，明智的领导者用来引导制约其下属的工具，只有两种，那就是奖励和惩罚。

韩非子是中国古代法家思想的著名代表人物。虽然从汉代开始，儒家成了中国社会的主流思想，但在政府和社会治理手段的思想上，依然秉承着"外儒内法"的形态。可以说，几千年来中国封建社会不断走向超稳定的结构，直到西方资本主义兴起之后才被打破，和韩非子领导力学说的直接应用有密切关系。直到今天，现代中国企业的管理也依然需要积极吸收其思想。

奖惩之所以如此重要，是因为其能够体现出最直接、最有效的价值取向。但奖惩超过必要的限度就会起到相反的作用——超过员工业绩的奖赏，会让下属的期望值不恰当地上升，导致其迷失工作目标；超过必要程度的惩罚，也无法让员工准确地意识到自身错误，反而会引起他们的愤恨。这种并不适当的奖惩最终损害的都是整个组织的团结。

通用电气公司是全球最杰出、历史最悠久的企业之一，该公司领导者掌控企业的威信来自适当的奖励方式。他们采用绩效监控的方式，在每年的年度考核中，管理层会主要针对本年度业绩优秀并能够成为榜样的员工进行二次考核，其中包括三大经典问题，以便判断员工是否真的优秀和自信：你的优势？你的成就？你有哪些需要改进的地方？

员工如果能够令人满意地回答这些问题就能得到高层领导者的赞许，并对他们毫不吝啬地加以奖励，其中包括增加薪酬、分配股票和期权等。但是，让这些

第六章
领导者的制度管理与人情管理

优秀员工最看重的奖励是去克劳顿管理学院进修，因为有这样的经历，就意味未来可以在公司担任更加重要的职责。众所周知，克劳顿学院是美国企业界的哈佛，其培训是主要针对管理者中的优秀分子所进行的，能够获得如此奖励，是每个优秀员工都梦寐以求的。他们想要通往该校的道路也只有一条，那就是成为目前企业中最优秀的人。

同样，有奖励就要有惩罚。针对企业内部的落后者，必须要采用有效的刺激手段加以惩戒，为他们制造出危机感。当员工有了危机感之后，他们就会对手中的工作形成更加集中的注意力，并爆发出自己原本都没有感知到的潜力。

潘石屹领导下的SOHO中国有限公司，从1999年开始销售房产。那时，末位淘汰制度对于房产行业来说几乎是闻所未闻，因为房产市场刚刚兴起，很快会如日中天，好的房产根本不愁销量。但潘石屹却规定，每季度实行末位淘汰一次，对销售小组中排名最后的销售人员加以淘汰。后来，他又将淘汰制度上升到高管层级，从销售副总监开始，在五个副总监中销售额排最后的那个人离开公司，其团队被打散，业绩好的员工并入其他团队，业绩差的也离开。在采用这样的制度以后，按照规则，SOHO中国的销售人员必须保持10%的淘汰率，而业绩好的员工则能够在数月内拿到几十万元的提成。此后，SOHO中国越做越大，业绩不断翻番。

在企业发展到一定规模之后，潘石屹意识到，再采用这样的惩罚制度就超过了适用标准。于是，他主动废止了末位淘汰制。但必须承认，在SOHO中国创立之初，这种惩罚制度起到了关键性的提升作用。

想要让奖惩适当，领导者绝不能仅仅依靠自己的感觉"灵机一动"，他们需要的是从以下视角去看待奖惩。

第一，奖惩之道必须符合企业发展现状。

在企业创业初期、发展中期和成熟期，所需要的员工榜样是不相同的。因此，领导者必须要先重点确定好企业需要哪种类型的员工，然后对员工加以奖惩，从而指引全体成员向该类员工学习。

通常来说，在创业初期，企业需要的是能够短期内提升销量的员工。此时，企业领导者应该侧重用销售业绩去进行考核评价，并从中挑选出符合条件者加以奖励。而到企业成熟期，更多需要的是协调能力强同时具有创新远见意识的员工，因此，奖励的重点也有应该随之改变。

总之，奖励和惩罚政策应该犹如企业发展方向的"路标"。让员工看懂这样的"路标"，并乐于遵从其指导，奖惩才会充分见效，领导者对员工的了解和信任也能随之表现，让员工眼中的领导者具有更大的人格魅力。

第二，惩罚员工之后也需要反思。

惩罚措施是企业中不可或缺的，但需要记住的是，惩罚措施在不使用的时候往往最有效，一旦使用了惩罚措施之后，领导者也不该忘记及时反思。

在国内某核电站曾经发生过这样的事情：

一位清洁工在打扫机器时不小心触动开关，启动了反应堆指令，造成了难以挽回和计算的停电损失。事后，企业集团的领导者按照规章制度处罚了清洁工。但事情并没有结束，集团负责人下令，重新检查所有开关位置，进行及时调整，规避设计不当所带来的风险。

用集团领导人的话说，处罚不是目的，而是为了消除企业的隐患。清洁工的错误不仅暴露了其个人工作时的细致程度，也暴露出开关位置设置不当带来的风险。当出现错误之后，我们不仅要处罚当事人，还要对整个系统问题进行反省和改正。这说明惩罚之后的反思，重点要从惩罚原因中吸取教训，将个体情况推广到整个组织系统中，寻找高效解决问题的途径。

第三，奖惩措施必须公开化。

奖励和惩罚并不是完全矛盾的对立面。在领导企业的过程中，惩罚和奖励应该积极结合，相互促进和转化。与此同时，奖励和惩罚措施必须要公开化。

第六章
领导者的制度管理与人情管理

在企业内,针对怎样的行为进行奖励和惩罚,奖励和惩罚应该采用什么方式、何种程度,都需要事先加以约定。这样,员工才能知道哪些事情可以做、哪些事情不能做,哪些行为可以被容忍、哪些行为不能被容忍。在将奖惩措施写入企业制度之前,其依据和内容也应该全面公开,这样才能让企业内的全体成员准确和全面地了解、把握其中的内涵和要求,避免为了奖惩而奖惩。

最后,奖惩手段的依据应该保持相对稳定。在形成奖惩制度条款之后,如果没有特殊需要,不应随便加以更改。即使更改也要有让员工充分认同的理由,不能将奖惩依据变成文字游戏。

07 第七章
如何以目标引导团队才更有成效

打造你的领导力
——从"管人"到"管全局"的突破

01 团队管理的核心，就是目标管理

企业的发展依靠团队的团结协作，如管理团队、研发团队、生产团队、销售团队、公关团队，等等。只有各团队的协同运作才能带动企业的发展，也只有如此，才能最终实现企业的成功。

正如"现代管理学之父"彼得·德鲁克所说的那样，"团队、组织的目的，就是让平凡的人做出不平凡的事。"而这些都需要领导者的带动，那么，如何让团队动起来呢？

在领导者思考如何带动团队之前，不妨先思考下关于团队管理的几个问题。

第一，领导者期望的团队状态应该是怎样的？

第二，现实中的团队状态如何？又与期望的状态相差多少？

第三，在一个"理想团队"中，领导者应当扮演怎样的角色？发挥怎样的作用？

第四，在现实中，领导者做了哪些"分外之事"？

只有在明确这些问题之后，领导者才能够明白团队管理的问题所在。事实上，任何一个团队的不足，归根结底都在于领导者带动团队的方式有误。正如斯坦福大学前校长约翰·汉尼斯所说的："很多领导者对于有才能的人无法在自己的团队中发挥作用表现得非常懊恼，往往会采取一种非常愚蠢的处理方式，就是批评犯错者。然而，最应该批评的人是自己，因为是自己的领导方式有问题才会导致这种情况发生。"

其实，带动团队的最好方法，并非以制度推动员工前进，而是以目标引导员工奋进。这也是团队管理的核心，即目标管理：不断给予团队前进的目标，激励团队前进。

无论是团队的培养还是企业的发展，领导者通常会制定各种各样的目标，并采取绩效管理的方法。然而此时，领导者大多会忽略这样一个问题：你想要的目标也是员工想要的吗？如果并非如此，团队目标将难以发挥作用。

在制定团队目标时，领导者必须要规避以下误区。

第七章
如何以目标引导团队才更有成效

第一，过于追求完美。

在设计绩效管理制度时，很多领导者总是想要将其设计得更加全面、完美，最好能够融入所有优秀的绩效考核方法。但如此一来，目标也会变得过于严苛，反而让员工无法积极起来。领导者必须明白，"二八法则"具有普适性，在企业管理中，80%的效益其实是由20%的关键工作产生的。因此，在设计绩效管理制度时，不妨将重点放在这20%的关键工作上，以免绩效考核过于复杂，无法突出重点。如果员工忙于应付复杂的考核，不仅难以完成任务，其幸福感也会大幅下降。

第二，民主化陷阱。

为了赢得员工的认可，在制定绩效目标时，确实应该由员工和领导者共同商定。然而，在实际的绩效管理中，员工和领导者存在利益冲突：员工希望绩效目标更低、考核更松而奖金更多；领导者则通常希望以更少的成本实现更高的效益。

因此，在制定目标时，领导者也需要注意民主化陷阱。民主决策是必要的，员工的意见可以征集参考，却不能过于迁就，以免让目标失去意义。民主能够提升员工的幸福感，但过于民主，反而会导致企业管理陷入困境。

第三，缺乏实时沟通。

目标管理是团队发展的核心，而在企业的目标管理中，沟通必须贯穿始终，这也是目标管理的核心之一。无论是目标的制定，还是考核的流程或结果，当员工提出疑问时，领导者都需要通过沟通消除员工的质疑，确保公平、公正、公开。

有的企业在进行绩效管理时，引入了流行的评分卡制度，通过员工自我评分、直属主管评分以及人事评分，对员工的绩效进行考核。最终却迎来员工对绩效考核的质疑，人员流失率竟然也会上升。

原来是因为其考核中存在这样的问题：员工自我评分100分，主管评分60分，人力评了平均分80分。最后结果出来之后，员工也不知道自己有什么问题，为什么主管只给60分，也不好直接去询问主管。于是，员工私下交流，造成团队对绩效考核的疑虑，也影响了该员工的工作积极性，最终导致团队氛围恶化、员工纷纷离职。

在绩效管理中，领导者必须注重与员工的实时沟通。在考核之前明确目标，并获得员工的认可；在考核过程中，则要督促员工达成目标；在评分前后，领导者要与员工私下交流其存在的问题，并公开表扬表现优异的员工。与此同时，管理者也可以借机获得员工的反馈，对绩效管理策略进行改善，给予员工所需的支持。

第四，无法顾及部门协作。

团队目标的实现并非某个部门或团队的"内部事务"，而需要依靠企业各部门的团结协作。无论是业务部门、生产部门还是财务部门，任何职能部门的缺失都会影响业绩目标的实现。因此，在目标管理中，领导者一定要顾及部门协作，切忌"本位主义"的出现。

在制定团队目标时，很多领导者通常会倾向于制定一个较高的目标，从而激励员工。然而，在制定较高目标时，领导者也应当考虑到，对于该团队只是较高的目标，对于关联部门而言，该目标是否过高了？

企业目标的实现需要所有成员的共同努力。因此，在制定目标时，领导者应当与所有部门和团队进行沟通，促进相互之间的协作，尤其需要争取关联部门的支持。如果不能确认全体成员目标的统一，企业就很可能出现前线打得热火朝天，后勤保障却完全跟不上的问题。

只有当企业所有成员围绕同一个目标共同奋斗时，企业员工才会在领导者的驱动和引导下，努力实现业绩目标。

02 如何合理设定团队目标

领导者的重要职责就在于驱动团队完成更难的任务，从而实现更高的目标。知足常乐往往能够维系团队的和谐共存，但团队的发展离不开对更高目标的实现。

第七章
如何以目标引导团队才更有成效

在制定高目标时,领导者需要掌握"跳一跳,够得着"的原则。

每个人都有自己的人生目标,有的人或许想要成为第二个马云,有的人或许只想着"老婆孩子热炕头",正是这些人生目标的设定,决定了其人生所能达到的高度。

"不想成为将军的士兵不是一个好士兵",是拿破仑的名言,也正是在这样的人生目标下,拿破仑不仅成了一个将军,最终还成了帝国皇帝。

然而,并非每个人都想要"当皇帝"。比如在《倚天屠龙记》中,张无忌几乎具备了当皇帝的所有条件,但到最后他却没有成为皇帝,反而被下属朱元璋所取代。这正是因为在张无忌的人生目标中,他从来没想过成为皇帝,他或许只想着过平凡的生活。

每个人都有自己的人生目标,在团队发展中,领导者也应该为团队设置目标,让团队能够不断发展。但目标的设置也是需要技巧的,并非定下"世界最强"的目标,然后让员工奋斗即可。

那么,应该如何制定团队目标呢?

第一,学会并运用"化城艺术"。

大多数人都有打篮球的经历,篮球也是全球最火热的体育项目之一。相比于足球比赛可能全场"0:0"的战绩,篮球比赛中的得分要简单许多。之所以会如此,与篮球架的高度直接相关。

如果篮球架的高度高达两层楼,那进球就会和踢足球一样困难;如果篮球架不过普通人那么高,进球容易,那么其竞技性也几乎为零。因此,篮球架被设置成"跳一跳",就能"够得着"的高度。

根据这一现象,美国管理学家埃德温·洛克也提出了著名的洛克定律:"有专一目标,才有专注行动。要想成功,就得制定一个奋斗目标。但是,目标并不是不切实际地越高越好。每个人都有自己的特点,有别人无法模仿的一些优势。只有好好地利用这些特点和优势去制定适合自己的高目标和实施目标的步骤,你才可能取得成功。对每个人来说,在实施目标时,只有当每个步骤既是未来指向的,又是富有挑战性的时候，它才是最有效的。"

因此，领导者在制定团队目标时，可以制定一个较为远大的目标，但与此同时，也应当制定多个"跳一跳"就"够得着"的小目标，让员工可以通过不断提升自己，挑战小目标，最终实现远大目标。

在《法华经·化城喻品》中记载着这样一个故事：

在很久以前，一位法师带着一群探险者去远方寻找珍宝。然而，因为路途实在艰险，走到半途时，探险者们开始感到疲惫，他们开始打起退堂鼓，想要放弃这段征程。

法师得知这个情况之后，就暗中施展法术，在前方幻化出一座城池，并对众人说道："大家看，翻过这座山，就有一座大城，在城池不远处，就能找到宝藏啦！"众人看到前方确实有座大城，就重新振奋精神，再次上路。就这样，在法师不断地幻化城池中，众人终于找到珍宝。

领导者必须要学会"化城艺术"，通过不断地制定"跳一跳，够得着"的目标，引导团队不断前行。在团队发展过程中，领导者无须引领团队"大步前进"，那样看起来很难，做起来也很累；最好的方式就是"小步快跑"，通过不断地制定目标，依靠年度、季度、月度目标，引领团队迅速前进。

尤其是当企业或团队陷入困境时，领导者无须强调脱离困境需要多少努力，只需告诉团队每月的目标如何，员工"跳一跳"就能"够得着"，就不会觉得无能为力，也不会感到任务太重，在不知不觉间，团队就能脱离困境。

第二，学会合理设置目标。

具体而言，团队的小目标究竟应该如何制定呢？

在制定目标时，领导者无须纠结于目标形式，无论是明确清晰的还是模糊含蓄的目标，无论是主动制定的还是外部强加的目标，只要能够激励团队成员就够了。对于一个团队目标的制定而言，通常需要从以下三个方面进行考量。

第七章
如何以目标引导团队才更有成效

其一，目标难度。

目标可以分为简单、中等、困难、不可能等多个难度。比如在 20 分钟内可以做多少道题？10 道是简单，20 道是中等，30 道是困难，而 100 道则是不可能。在考量目标难度的时候，领导者需要注重目标的挑战性和可行性。

领导者必须明白：过于容易的目标，很难引起员工的兴趣，员工也无须努力，反而会有所懈怠；如果目标过于困难，令人望而生畏，员工也可能直接放弃，觉得努力也没用；而适当困难的目标，则能激发员工的挑战欲望，当目标实现时，员工也能获得满足感和成就感。

此外，对于不同的员工而言，目标的难度也有所区别。可能在这个员工眼中是很简单的任务，在其他员工看来则很困难。因此，在设置目标难度时，如果可以的话，领导者最好设置阶梯性目标，避免相对难度差异较大。

其二，目标清晰度。

目标具有清晰度的区别，既可以表现为"在 20 分钟内做完 30 道题"，也可以描述为"在 20 分钟内做更多道题"。目标清晰度的不同，也会影响团队的最终成就。

如果领导者给出的目标是"在 20 分钟内做更多道题"，那么，如何算做更多呢？有的员工可能觉得 10 道题就已经算很多了，这就使得目标的设置失去了意义。领导者必须明白，设置目标是为了引导员工为之努力，因此，目标的清晰度越高越好。

其三，自我效能感。

何谓自我效能感呢？自我效能感就是指员工对于自己能否有效地实现特定行为目标的自我认知。简单来说，就是员工通过对自身能力、团队能力和任务目标等要素进行综合评估，确定目标实现的概率有多高。

当员工的自我效能感较强时，其对于实现目标的承诺也会提高。也正因如此，领导者通常会发现，当向多个员工发布同样的任务时，每个员工的反应是不同的：有的认为很简单，有的认为很难，有的则表示自己会努力完成。

自我效能感与目标难度有着直接联系，但除此以外，领导者的态度也会影响员工的自我效能感。如果领导者总是将重要任务交付给某员工，该员工也会因为领导者的信任提升自我认知，并努力完成目标；反之，员工则会认为自己的能力不被认可，其自信心也会受到打击。

只有在合理设定团队目标之后，领导者才能引领团队不断成长。而目标的设置则要遵循"跳一跳，够得着"的原则，一方面激励所有员工共同成长；另一方面也可以淘汰能力不达标的员工、挖掘能力较强的员工。

03　团队战斗力如何调动

伴随西方现代管理理论对中国企业管理实践的影响，许多企业家似乎形成了一种错误的观点。他们认为，只有传统的中国企业才会讲究人情管理，利用感情和关系将员工紧密捆绑在核心领导周围，而西方企业用来点燃员工激情的则是股权、期权和薪酬等直接待遇。

其实，这样的想法更多掺杂了个人误解。在调动团队战斗力时，西方管理理论始终认为，激情由爱来点燃。

在西方管理理论中，有着著名的"梅考克法则"，即管理一个企业，虽然离不开权力的运用，但伴随权力的还需要有爱意。只有当领导者的仁爱和权力共同作用时，才能够达到最佳的管理效果。这种思想被概括为"管理是一种严肃的爱"。

采用了这样的法则之后，众多大公司的领导方式让员工具备自然的感激之情，愿意为企业付出更多。这和中国传统文化中先贤们所肯定的"仁爱"领导思想，无疑异曲同工。

在中国古代，老子的"仁爱"学说奠定了这一理论的基础，而发展这一理论的代表人物则是孔子和孟子。孔子强调"仁政"，宣称"仁者爱人"。在《礼记》中记载，孔子回答鲁哀公"人道谁为大"的问题时说"人道政为大""古之为政，爱人为大。"同样，孟子主张的"王政"与此在本质上是接近的，都是强调用"仁爱"来治理国家，而并非依靠武力的"霸政"。在孟子看来，"霸政"只能使用武力去处罚别人，但人们即使服从也不是出自内心，"王政"带着爱去感化别人，所

第七章
如何以目标引导团队才更有成效

以天下人都能心悦诚服。

春秋战国是血与火的时期，孔孟所提倡的"仁爱"，固然不被领导者采用。但在人类文明已经相当发达的21世纪，"仁爱"之道不仅已经全面渗透进东亚文化圈的政治、经济、文化、社会和家庭关系的方方面面，更是实现中华民族伟大复兴的基础价值观。作为企业家，必须明白自己所面对的市场并非只是激烈的商业战场，也是构建人和人、人和产品、人和品牌之间和谐关系的港湾。

正因如此，很多企业领导者经常会向员工强调："客户是上帝。你们要时刻对客户存有感恩之情，将他们的价值放在第一位。"但试想，如果领导者忽视了员工的感受和利益，没有用心中的爱去感化员工，又怎么可能让员工对客户施以满满爱意？相反，员工很可能会将从领导者那里得到的负能量尽可能地发泄到客户和产品身上，从而导致企业失去客户的好感和支持，最终导致失败。

日本企业家稻盛和夫非常反感将员工看作单纯人力资源的做法。他表示，如果企业没有员工的爱，管理者就难以经营好企业。而只要领导者爱员工，他们中的绝大多数最终都会爱客户。因此，领导者一定要心怀仁爱，将实现员工的幸福作为企业的目标之一。这样，企业和股东的利益才能有所保证。

稻盛和夫也是这样做的。2010年开始，稻盛和夫开始领导日航。面对这个遭遇低谷的企业，裁员似乎是所有领导者都会选择的重要手段。但稻盛和夫并没有大量裁员，数年内，只有160名员工被裁减。

为了传递自己对员工的爱，稻盛和夫奔走于每个机场。每到一处，他就将乘务人员和空姐们召集起来，告诉大家自己对企业的热爱、对大家的喜爱，并希望所有人能够让乘客也感受到这样的爱。在平时的工作中，稻盛和夫也并非采取命令口吻去要求员工，而是会心平气和地像老教授那样指导员工，告诉他们为什么要这样做，这样做能够取得怎样的效果。这种领导方式包含着很深的期盼之情，表现了他对每一个日航员工工作和前途的关心。与此同时，作为日航的董事长，稻盛和夫自己却只是拿零薪酬，平时工作中，也每次都和普通乘客一样选择乘坐日航经济舱。在旅途中，他会利用一切机会和飞机上每个服务人员交流。逐渐地，

打造你的领导力
——从"管人"到"管全局"的突破

稻盛和夫发现,员工们的声音越来越有情感了……

在这样的关爱下,日航迅速走出了困境。在接受媒体采访时,日航驻华总代表山口荣一表示,之所以能够取得这样的效果,来源于稻盛和夫始终为员工而努力的经营理念。

领导者爱员工、为员工而努力,员工就会爱企业、为客户而努力。爱员工看起来是个简单的要求,其中却包含着以人为本的领导理念,可以为员工带来很大的认同感和尊重感,并产生普通领导者无法带来的鼓舞力量。

那么,如何将爱心传递给员工呢?如图7-1所示,为将爱心传递给员工的方法。

图7-1 将爱心传递给员工的方法

第一,带着爱心看待企业的经营。

领导企业,也是在领导自我的改变。你是怎样的领导者,就会有怎样的企业。如果你是个冷漠无情的人,你的企业在市场中的形象自然也会冷漠无情,而如果你想要企业获得所有人的喜爱,就必须要用爱心去经营和做事。

在日常的管理中,企业领导者不仅应该关心员工的物质福利、生活待遇和工作情绪,更要去引发员工主动发挥价值,能够真正像良师益友那样关心员工成长,帮助他们获得进步与成功。在这样的精神指导下,企业领导者会重新看待企业的

第七章
如何以目标引导团队才更有成效

经营,将其定义得更加丰富,使企业成为帮助员工成长与实现自我价值的平台。

第二,以身作则,用爱心回报顾客。

领导者都希望企业员工能够有充分的激情,而不会只注重短期利益回报。但员工同时也会关注着领导者的行动方向。只要你坚持积极采用爱意来对待员工、对待客户,并指导员工去着眼更加广阔的需要、发现更好的自我,从长远来看,自然会影响到员工的理念。相反,如果领导者始终只能看到利润,眼中没有他人的利益,员工自然也会将企业看成个人利益的跳板,而不愿注入真正的情感。

第三,营造家庭般的亲情氛围。

家庭,是整个社会中最细微、最自然的社会单元,绝大多数人都会对家庭有强烈的归属感。在企业中,如果企业领导者能营造出一种类似于家庭的亲情氛围,就能引导下属将公司当成家庭,每个人都感觉自己是家庭中的重要成员。这样,将大大增强下属对工作的主动性和参与性,从而使得他们能够对企业的前进方向满怀激情。

对于那些更需要创意、灵感与协作的中小企业,不妨让企业的办公室风格更加温馨一点。例如,允许员工在一定程度上布置自己的办公区域,并鼓励他们按照部门划分,集体布置公共办公区域。这样,整个工作空间的风格就能够渐渐形成既有个体又有集体的家庭氛围。

更重要的是,对于员工而言,办公室不再枯燥乏味和生硬冷漠,而是能带来舒适和温馨的场所。另外,领导者还可以考虑在公司中设立茶歇区、头脑风暴区、午休区等,在这些地方设置一些休闲零食和饮料,这样,员工就能感到家庭般的温馨。

而对于那些更多集中于生产业务的企业,领导者需要的是能够在工作和业余时间多关心员工。例如,在夏季为员工送上清凉饮料,在冬季设置防寒设施等。同时,还应该做好劳动防护等工作,让员工感受到其他企业所无法感受到的关爱。

"仁者爱人",只有内心有爱的领导者才会激发员工改变现状的努力。这种努力会让你对员工的潜力油然而生出更大的惊喜。

04 你需要与员工站在一起

在古代兵法经典《孙子·谋攻篇》中有这样一句话:"将能而君不御者胜。"这句话的意思是指,将领富有才能而君主又不盲目干涉的,才能保证将领的才能充分发挥,从而获得战争的胜利。

将领之所以成为将领,是因为其作为优秀人才,在漫长的战争中凭借才能和战绩逐渐脱颖而出。因此,如果君主不是去调动其积极性,而是试图直接干预,那么将领的才能就无从体现,情况就会不断恶化。最终,君主会发现,作战指挥官变成了自己,当自己为此焦头烂额的时候,下属员工却已经开始准备"溜之大吉",没有人愿意留下来全力以赴。但发生这一切又能怪谁呢?

中国历史上,将领不受君主限制而取胜的案例并不鲜见。战国时期,吴国攻打楚国,吴国公子光之弟夫概要求率兵攻打楚国子常,但却没有接到具体指示。但夫概王信奉"将能而君不御"的原则,公子光之率领属下进攻子常获取胜利,成为历史佳话。同样,魏国的信陵君接到赵国请求,要求出兵共同抵御秦国,但魏国的君主不敢出兵,却故作姿态而下令按兵不动。于是信陵君按照魏公子食客侯生的建议,投出兵符,夺下了兵权救下赵国。

在现代企业管理中,固然需要有对权力运行加以分配的层级机制。但在设计这样的机制时,领导者也应该充分意识到下属积极性的价值,要寄希望于他们全力以赴的勇气和能力,不应过多地越俎代庖。尤其是在发展中的企业,领导者所面对的事情相当繁重,倘若不能和下属共同行使权力、树立权威,就会导致"将无能而君不威"。

日本丰田汽车公司的领导者擅长利用建立制度来激发员工的参与积极性。1951年,时任社长石田退三派丰田英二到美国学习"卡片登记办法"和"合理化建议"。当丰田英二回国之后,就开始建立丰田公司的"提案制度"。在职工大会上,石田退三这样说:"丰田汽车公司的最终目标是产品要更好、价格要更便宜,而有好主意才能生产出这样的产品。"

第七章
如何以目标引导团队才更有成效

丰田公司将员工的建议分为有形效果、无形效果、利用的程度、创新性、设想的心智、职务内外等类别,并根据类别打分,每个项目最高 100 分。奖金的起点则从 500 日元到 20 万日元不等。

刚开始执行这样的制度时,员工们并不积极。各大下属厂、公司、车间贴出布告征集建议后,一年内所得到的建议不到 200 条,建议箱上布满尘土。但石田退三和丰田英二并没有放弃,他们长期不懈地推行这个制度。到 1974 年,共收到 40 多万条建议,采用率高达 79%,发放奖金共计 3.6 亿日元。

无论是丰田这样的大企业还是正在努力追求生存和发展得更好的中小企业,归根到底,企业组织都是系统性的工程,需要良好的集体合作。因此,依靠少数人的努力不可能达到理想效果。企业必须要确保引导每个组织成员都能在领导力作用下形成强烈的责任感。因为员工才是企业战略计划的最终实施者,想要提高企业的执行力,企业领导者就必须带动员工共同贯彻到底。如图 7-2 所示,是领导者激发员工参与感的重要方法。

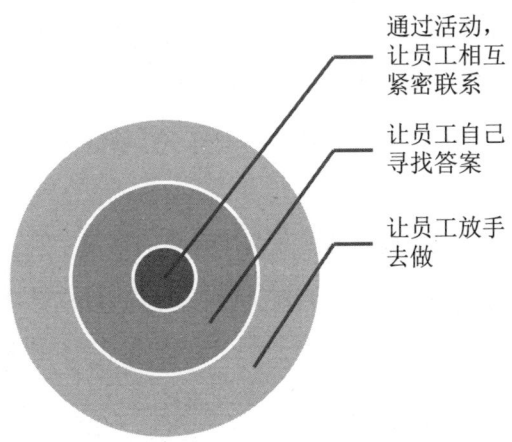

图 7-2　领导者激发员工参与感的重要方法

第一,通过活动,让员工相互紧密联系。

企业内部可以采取横向联系与活动的方式加强员工之间的联系。通过企业领导者对这一工作方式的带头发动,能够培养出员工彼此的交流与协作的风气。例如,索尼集团的领导者就倡导一系列活动组织,包括车间娱乐部、女子员工部等,从而有效促进了人和人之间的关系。另外,通过这些活动还能让领导者挑选和识别员工,因为在协作过程中,那些具有不同特长如计划、宣传、组织、引导的员工会脱颖而出。

企业还可以组织不同的活动来加强员工的互相了解和信任,比如综合运动、长距离接力跑、游泳比赛、棋牌比赛等。企业的董事、总经理、部门经理等,在条件适合的情况下也都应该亲自参加,和下属共同投入竞技之中。这样,就能在不知不觉中促进企业内部的凝聚力。

第二,让员工自己寻找答案。

领导者不但要自己具有强大的贯彻和执行力,而且要懂得如何放手和"消失",让员工懂得自我训练。恰当的团队内部奖惩制度是调动积极性、让员工共同努力的有效手段。此外,领导者应该有效倡导团队之间的讨论,借此提高组织凝聚力。

当员工在工作中遇到困难时,好的领导者会通过正确提问引导员工抓住讨论的中心并提出解决办法。领导者还会鼓励员工之间的对话,评估所有可能,形成解决方法。同时,他们还能借此去帮助员工寻求矛盾解决的逻辑,吸引更多员工参与到决策中。

虽然企业执行力的提升是所有员工都应参与的事情,但领导者在其中的作用巨大。他必须要有意识地引导员工,对下属自行分析过程进行指导和验证,从而培养出他们的能力。

第三,让员工放手去做。

给下属发挥的自由,让他们自己去做,并等待结果。这样,有助于提高员工在工作中的勇气和精神,提高管理效率。

具体而言,当领导者确定好负责某个部门或项目的下属后,可以让他先着手进行,而并非马上帮其指出计划或方向。在这种情况下,下属会不得不自己进行思考，并很有可能拿出比领导者期待中的更好的方案。当然，领导者也应该随时保持一定程度的关注，以便能够随时提醒下属进行有效调整。

无论如何，你的员工必须要在领导力的影响下拥有充分的自信心。只有这样，他们才会有更大的责任感，并愿意不惜一切代价突破现状。

05　去中心化时代的领导力

著名的日本"经营之神"、松下集团创始人松下幸之助说过："领导者再强，但员工冷淡，依然难以推动工作，必须要设法让每个人都自认为自己是负责人。"同样，企业家山姆·托依也曾说："若能使员工都有归属之心，这种精神力量将胜于一切，只有依靠整体作业人员的彻底向心力，才能以企业盛衰为己任，才能使得企业达到成功境遇。"这样的哲理之言说出了企业领导力提高的宗旨所在。

那么，究竟如何利用精神的力量，去培养员工的归属之心呢？

所谓归属之心，是指员工的主人翁意识。从领导者的管理角度而言，一个能够将自己看作主人翁的员工，必然会深爱着自己的集体和公司，对组织会有充分的奉献精神。当员工感觉到自己有权对工作做主时，就会有更多的热情来投入其中，他们会感觉自己是整个企业的核心，因此并不需要领导者的反复督促就能积极工作。

老子提倡"无为而治"："我无为而民自化，我好静而民自正，我无事而民自富，我无欲而民自朴。"其中内涵不只是强调"无为"，而是希望领导者不要刻意地在组织中扮演核心。只有他们先做到去中心化，员工才会将自己摆到企业的共同中心位置上，实现自我管理、自我工作、各司其职、各行其事。

身为领导者，不仅要对领导工作有充分的责任心，也要对每个下属的角色有充分的责任感，让他们获得主人翁的美好体验。领导者既是下属的指挥也是他们的师长，从某种程度上来说，当领导者将下属也看作企业核心，员工才会真正确认角色，并为了组织的集体利益投入工作。

打造你的领导力
——从"管人"到"管全局"的突破

当领导和员工共同工作时,不妨将他们的利益、感受放在前面加以考虑。同时,企业领导者还要注意发挥员工的自主性,以自我管理和规范去要求他们。这样,就能激发员工努力的愿望,鞭策他们主动追求最佳的工作方法和最优的工作效率,为企业带来良好业绩。

在联邦快递公司,领导者将员工放在了组织集体中最重要的位置。联邦快递的员工能够按照自己的工作方式行事,无论是主管、快递人员抑或客服人员,都拥有很大的工作弹性。通过这种始终确保员工处于工作流程中心位置的做法,大大提高了联邦快递的竞争力。

瑞利在联邦快递工作了15年。而她之所以选择这么长时间服务于联邦快递,主要原因就是这里拥有充分的自主权。从她还是快递员开始,她就能够独立安排工作,而即便成为高级事务经理管辖着近300名员工、年收入超过500万美元的部门,她依然可以相对自由地进行工作。只要提出的工作目标被上司认同,她就可以独立行事。领导者并不会告诉她工作有问题或者快递路线没有安排好,而是由瑞利自己安排独特的训练计划、品控小组和快递路线。

在这家公司,哪怕只是货车司机都能够自行决定派件路线,并和顾客商量如何收件送件。不少基层员工表示,虽然公司内有几名主管,但他们并不像工头那样紧盯着员工,如果员工做得不好,他们就会说明,但并不会使用那种看似铁腕实则低效果的管理方法。

英国著名的汉学家李约瑟曾经提出,"无为"的最初概念就是指"避免反自然的行动"。剥夺员工在工作流程中的中心位置,当然违背了其天性,领导者不能勉强去做出这样的选择,而是要因势利导,提升领导水平。当员工具有了团结互助的集体精神和强大自律的主人翁责任感之后,他们眼中的领导者形象将不会再是对立面,而是其领袖。

怎样才能让员工有这样的境界?如图7-3所示,为提升员工主人翁意识的方法。

第七章
如何以目标引导团队才更有成效

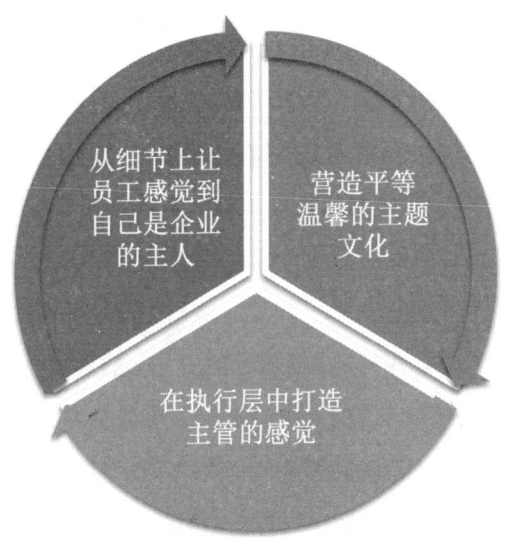

图 7-3　提升员工主人翁意识的方法

第一，从细节上让员工感觉到自己是企业的主人。

IBM 公司会为他们工作多年的员工发放这样的名片：在精致的名片上印刷上一个蓝色镶金边的盾牌，印着烫金压纹。那个盾牌是授予员工 25 年工龄荣誉勋章的复制图形，盾牌上写有"国际商业机器公司，长年的忠实服务"。

通过这样的细节设计，员工在每次掏出名片时就会油然而生企业主人的自豪感。企业领导者采用这种并不引人注意的方式，高效地帮助员工找准了位置，进一步挖掘了员工的工作潜力。

第二，营造平等温馨的主题文化。

为了让下属和员工都能认同自己在企业内的核心位置，领导者可以在企业中建立主题文化，让企业内所有人都感受到自己是整个大家庭中的一分子。

可以用下面这种方式来打造这种主题氛围：每隔一段时间，在不同部门举行会餐和娱乐活动，邀请部门内外的相关员工携家属自由参加活动。活动中，无论是企业领导者还是部门管理者，都要和员工无拘无束地打成一片，享受食物和美酒，为团队所创造的业绩加以庆祝。这样的活动能够让员工感到自己与部门管理者、企业领导者不分彼此，不仅有共同的利益，还能获得更多的共同语言。

第三，在执行层中打造主管的感觉。

部门的管理者是企业执行层面的关键性人物，长期以来的企业文化惯例总是将这样的职位称为主管。这很容易让员工认为只有部门管理者才是"管事"的，需要对部门负主要责任，他们才是整个部门命运的掌控者。如此定势思维，让广大员工无法真正成为部门的主人翁，相反，他们会认定部门的工作、企业的命运和自己并没有太大关系，那些只是"主管"需要关心的事情。

其实，领导者完全可以反其道行之。例如，可以学习美国联合航空公司等企业的思想，还可以从我国拥有优良传统的"人民军队""人民战争"思想中吸取养分，在企业规模不大时，侧重打造每一名员工都能成为企业家的意识。

可以加强对员工的教育，让他们能够更全面地认识企业，了解其中每个和自己相关的操作细节。这样，员工就不会有"我什么都不知道"的感觉。他们会认定公司是和自己紧密相关的，工作更是属于自己的，没有理由不去为公司的经营而努力，且必须自觉地为公司承担责任和义务。

06　举重若轻，让管理自成体系

领导者是推动企业的人，但推动企业不能只依靠个人的力量，也不能依靠书面的制度——无论是个人还是制度，都需要有具体的权力体系作为传递领导力的中介平台。因此，企业老总想要做到举重若轻，避免将时间和精力浪费在种种细节中，就必须要在企业内部建立足以适应"无为而治"的权力体系。

需要明确的是，企业中的"人"需要不断管理，"事"也同样如此。企业的管理权力体系不可能"头疼医头，脚疼医脚"，必须紧紧围绕企业经营的范围与重点加以构建。很明显，当企业处于不同发展阶段时，其战略不同、价值链不同、发展阶段不同，企业所建立的权力体系架构也是不同的。当企业还处于上升初期之时，其体系架构或许足以承载市场与客户交给企业的任务。但当企业进一步发展时，如果不能让权力分配获得自主运转的能力，就只能面对越来越逼仄的空间。如果到那时，领导者才意识到重建权力体系的重要性，很可能为时已晚。

1995年，华为自主研制的数字程控交换机在市场上迅速打开销路，公司开始大规模扩张。但与此同时，公司原有的脆弱管理体系已经无法支撑公司发展，主要暴露出如图7-4所示的三方面问题。

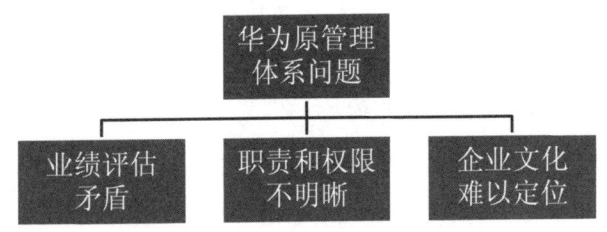

图7-4　华为原管理体系的三大问题

一是业绩评估矛盾。

当时，华为员工从二百多人增至七八百人，而华为大面积地进入农村市场，主要采取了人海战术，导致销售人员迅速增加。如何对其业绩加以有效评价和激励，是华为公司必须及时解决的问题。

二是职责和权限不明晰。

华为紧跟当时企业管理的潮流，在公司范围内大规模推行ISO 9001标准。然而在重整之后的业务流程体系内，不同部门和岗位的职责和权限如何重新加以定位，成为了领导者心中的重要问题。

三是企业文化难以定位。

随着公司的不断发展，华为的企业文化开始不断出现在管理层和执行层员工的口中。但与此同时，人们又解释不清究竟什么才是真正属于华为的企业文化。

对此，领导者任正非认为需要为华为建立一个明确清晰的企业文化。在经过和相关专家的反复交流之后，任正非决定建立一套企业内部权力运行体系，《华为

打造你的领导力
——从"管人"到"管全局"的突破

基本法》由此诞生,"无为而治"的思想被充分融入其中。企业发展战略、产品与技术政策、组织建立原则、人力资源管理和开发以及与之相对应的管理模式和制度等,不同层级的员工如何获得权力、分配权力和运用权力,其原则都在《华为基本法》中得到了明确的限定,并就此形成了企业内部新的授权方式。

因为有了和"无为而治"相匹配的权力管理体系,华为才实现了不断成长和跨越。当然,建立一套权力体系并不只是领导者谋求的终点,通过建立这样的体系并加以制度化,改变所有员工,并改变企业价值观念,才能确保即使管理层更替,"无为而治"的理念也会代代相传。

想要在企业内构建自主运转的权力体系,领导者就要学会将企业划分出三大阶层,并积极处理好三大阶层之间的权力影响关系(见图7-5)。

图7-5 企业构建自主运转的权力体系

第一,领导者向管理层授权。

企业最高核心是老板,正如同自然界的"天"。"天"需要抓住的是最高权力,即影响自然界气候现象的能力,而对于世界上的芸芸众生,"天"自然不会一一加以关心。领导者和执行层之间的关系正是如此。作为领导者,不可能直接去影响和改变基层员工,他们需要向管理层加以授权来达到此效果。

当领导者向管理层授权时,必须明确所授予事项的任务目标、权责范围,包括完成工作所需要的基层员工、实际资金、技术、设备和信息等资源。这样才能有利于管理层去督促基层员工，而不是推卸其应负的责任。

第三，管理层向基层员工授权。

当管理层向基层员工授权之前，领导者要通过多种方式引导他们注意以下问题：首先，授权的内容应当是具体任务，而不再是抽象的职责；其次，授权之前，员工应当获得足够的培训和考核；再次，除非事关重大，否则管理层不应随意否决已经由被授权的员工做出的合理决定；最后，管理层不应该将自己不喜欢做的事情以授权方式推脱给员工。

第三，授权应有的意义和价值。

企业内部进行的授权并非只是为了节省工作时间和提高工作效率，一切授权行为都应该建立在可以产生的良好效果之上。

首先，授权最终产生的结果应该是让客户感到便利，通过权力分配，一些可以由基层或管理层解决的问题，应该直接授予其解决的权力，这样客户就不需要等待企业内部层层进行请示报告的流程。

其次，授权步骤的意义还需要体现在企业成本上，利用授权将问题解决在第一线，从而有效节省时间和成本。

再次，授权还应能充分激发基层员工的潜力，因为每个层级的管理者不可能在所有技能上都比其下属强，适当的授权需要结合基层员工的实际特长来进行。

最后，授权还应该有具体针对性，尤其在有目的地培养员工方面，这可以促使他们通过承担更多责任来为以后的职业生涯做准备。

08 第八章
向上与向下沟通的秘诀

打造你的领导力
——从"管人"到"管全局"的突破

01　善用同理心，翻越彼此间的心墙

随着经济发展和社会进步，越来越多的老板发现，依靠资本力量或时机选择而一搏成功的经营方式已经逐渐趋于淘汰。在今天，想要将企业做大，除了需要种种成熟的主客观条件之外，领导者自身也应具备高于竞争对手的情商。在领导者资质必需的共情心下，其同理心也是不可或缺的重要组成部分。

现代的情商理论认为，情商包括五个方面：自我情绪认知、自我情绪控制、自我激励、人际关系处理和同理心。所谓同理心，最本质的内涵是指站在他人的立场来考虑问题。要明白对方为什么会这样想，进而理解其想法和做法，并能够减少误解和冲突，形成一致的立场。

在中国传统领导理念中，从来没有缺少过同理心的相关论述。早在两千年前，孔子就曾经说过"己所不欲，勿施于人"。这就要求领导者不但应该利用沟通来表达想法，还要能准确说出员工的心声。同时，领导者还要以沟通来消除和员工之间的心理隔阂，从而让员工能够理解领导者，也让领导者身边的团队去正确理解员工。

但在现实中，领导者和员工的接触主要是围绕工作进行的，这势必产生大量的问题需要解决。如果领导者只是把员工看作为企业解决这些问题的工具或资源，显然不利于理解他们的内心。这种同理心层面的缺失，会让领导者为此付出代价。

当年，孟子在和齐宣王的谈话中就明确说到这一点："君之视臣如手足，则臣视君如腹心；君之视臣如犬马，则臣视君如国人；君之视臣如土芥，则臣视君如寇仇。"意思是说，领导者如何看待下属，下属就会如何看待领导者。如果领导者将下属看作手足，则员工和领导之间自然都会产生同理心，员工也会将领导者看作自己的腹心；如果领导者将下属看作犬马来驱使，下属也会将领导者看作一般的老百姓；如果领导者将下属看成草芥一般毫无价值可言，那么下属就会将领导者看作仇寇。领导者之所以遭到了下属的不同对待，其差别在于他们是否用同理心对待下属，将自己放在员工的位置去看待和理解问题。

第八章
向上与向下沟通的秘诀

虽然老子和孔孟的很多理论不尽相同,但在同理心这一点上,先贤们有着惊人的一致。在《道德经》中老子这样说道:"圣人无常心,以百姓心为心。"这意味着领导者不能只是考虑到自己固定不变的想法,而是包容所有下属的想法,积极和他们进行换位思考。这样,就能了解他们到底是怎样的人、到底需要什么,从而解除双方存在的问题,赢得下属的敬重。

玫琳凯·艾施是美国玫琳凯化妆品公司的创始人和领导者。她在创业成功之前,曾经在多家直销公司工作过。这样的经历让她非常了解在不同的老板手下工作究竟会有哪些体验。因此,当她开始自己创立公司时,决定要建立整套能够真正激发员工热情的管理方式,而不是让自己曾经体验过的遭遇在公司里重新上演。

玫琳凯是这样想的,也这样坚持了下来。无论领导过程中出现哪些问题,或者面对怎样的员工,她都能很好地通过沟通来加以解决和管理。玫琳凯承认,其中也有相当棘手的事情,但她总是会先想:"如果我是对方,我希望领导者能够得到怎样的态度和待遇?"她总是这样首先向自己提问,而经过这样的考虑之后,很多问题也就能迎刃而解。

由于玫琳凯从这样的角度进行沟通,她的员工也就毫无保留地提出自己的看法和意见。畅通的沟通渠道让玫琳凯公司内部的问题反馈流程加快,一旦基层出现问题,员工之间、员工和上司之间都能很好地相互理解,通过层层向上反映,最后递交给公司最高层。而公司顶层的管理团队在玫琳凯的带领下也很乐意接受并采纳建议。

在中小企业里工作的领导者,更不能缺乏同理心。因为一旦在高节奏的工作中缺乏了换位思考的积极性,就有可能导致领导者和员工之间想法的背离、方向的偏差,甚至会让整个企业中不同部门、不同团队和不同岗位之间失去应有的凝聚力,陷入失控的泥潭。相反,如果领导者能够积极用同理心来对待下属,不仅减小了陷入被动的风险,还会因为员工对领导者态度的喜爱和感激,收获他们的情感。

值得注意的是，虽然很多领导者和玫琳凯女士有着同样的经历，都是从员工开始创业或成为领导者的。但随着他们自身在组织中的角色发生改变，或者年龄、资历不断积累，他们的工作层次发生了变化，思维也就此彻底"转变"，变得不再理解下属的思考特点，更不懂得怎样和下属交流。最典型的例子是那些其实年纪并不算大的"七零后"领导者，经常抱怨自己无法和"八零后""九零后"下属交流。其实，相差不到十岁的年龄并不会导致沟通障碍，而是因为同理心的缺失。

因此，沟通是否畅通，并非在于是否能够理解的问题，而是领导者愿不愿意进行主动改变，通过视角的转变和积极的行动，来真正理解员工。如果领导者缺乏主动性，或没有认识到对员工进行观察和了解的价值，自然就会和员工距离越来越远。

增强同理心，企业领导者能够赢得更多的关心和支持（见图8-1）。

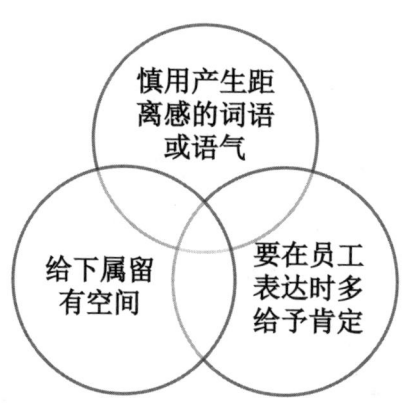

图8-1 领导者赢得员工支持的方法

第一，慎用产生距离感的词语或语气。

在和下属的交谈中，领导者不要总是在说自己，要慎用甚至少用"我告诉你""我看""我觉得"等字眼，而是使用"咱们""公司""大家"等字眼。如果

第八章
向上与向下沟通的秘诀

在情况需要时，还应该多强调"你""你们"等主体词语。这样，员工会感到领导者的关注和理解，同理心也会由此体现出来。

第二，给下属留有空间。

沟通不可能永远是顺利的。尤其在工作中，即使是关系亲密的领导者和下属，也会经常产生一些矛盾。为了高效解决问题，领导者要注意给下属留有足够的表达空间。

在沟通中，意见不同的双方都会认定自己的看法是正确的，一旦领导者压制员工的表达空间，很容易被他们看成是刻意利用权力来强制达成共识。明智的做法是，当领导者谈到不同意见时，也尽量给对方一个空间，例如："你这样说的确不错，有道理，另外我想……"或者"我觉得你的意见很有价值，不过你有没有想过从另外一个角度来考虑……"这样沟通，就显得有更多的讨论空间了。

需要强调的是，在听取对方的意见之后，尽量不要用"但是"。众所周知，领导者的"但是"后面，通常都是真正想要表达的意思，而"但是"之前的话只是给员工面子而已。如果你明明希望沟通中给员工留有表达意见的空间，却又画蛇添足地加上"但是"之后的内容，很可能让员工感觉这样的沟通是虚伪的。

第三，要在员工表达时多给予肯定。

同理心并不是一朝一夕就能形成的。当你和员工进行沟通时，可以适当主动地表达同意和肯定的姿态，并不需要等到对方来向你请示。例如，当员工说出对产品的看法或者对方案的建议之后，你不妨主动点头微笑，并说："是的，你的一些观点我很赞成……"有了这样的开场白，沟通就能在同理心的气氛下顺利进行了。

总之，现代企业的领导者想要带领好组织，必须要充分利用同理心效应，让员工真正通过沟通变成"企业的人"。

02　在沟通前先计算你会占用上司多长时间

有人曾为现代企业的领导者画了一张"日理万机图"：早晨六点半起床，刷牙、洗脸，穿上衣服，刚坐上饭桌，门铃响了——进来的是自己的一位下属，或许是后勤部的主管。这位主管说有紧迫的情况要汇报，需要尽快得到处理，于是，直接来到家门口面谈。两人在门口一谈就是半个小时，没有就坐，也没有喝茶。谈完事情，上班却要迟到了。饭也来不及吃，匆忙穿上鞋，就赶到了公司，却还是迟到了20分钟。

秘书早已经在办公室等了。一进门，秘书就递上了一叠需要查看或签字的文件。刚刚坐下来，看了一个小时，秘书又来敲门，说是有个会议需要早上参加；这个会议之后，还有市里的一次招商会，在市政府召开。领导者表示"知道了"，就抓紧处理手头的文件，刚刚看完，就已经到了第一场会议的时间，副经理催促着开会。等到了会议室，看到大家都已经到齐了，而自己还没构思好开场白。幸好这只是个一般性的会议，自己照常说了几句话，就让副经理去主持了。

会议结束之后，离坐车前往市政府还有半个小时的时间。想着回到办公室坐下来，泡杯茶整理思路，可来到办公室，却看到两个主管已经在那里等着自己，准备向自己请示一些工作上的问题了。这边还没谈完，秘书又敲门进来，说是时间到了，要坐车去市政府了。于是，只好带着两位主管一起下楼，边走边谈……

在这短短的半天中，领导者的行程安排就被两次打断：其一是早晨的下属紧急汇报，其二是晨会后的主管请示工作。也正是因此，领导者来不及吃早餐就赶到公司开晨会，也来不及整理速录就要赶赴政府开会。

事实上，身居领导位置，每位领导者的日程安排都十分紧密，很多事项的时间安排甚至以分钟计算。一旦下属的沟通时间超限，很可能会影响到上司下一行程的有效推进。

因此，在与上司沟通之前，你要计算好可能占用的时间，以免大量占用上司时间之后却仍然没有有效结果，导致时间资源的无谓浪费。

第一，理清头绪，明确各项细节。

在与上司沟通之前，你首先要理清头绪：这次沟通的主题是什么？有哪些要点？希望得到什么结果？该结果是否需要其他上司协助处理？只有在明确所有相关细节之后，在与上司沟通时，才能做到有的放矢。而非提出问题之后，等着上司询问各项要点，再表现出一脸茫然的模样。

与上司的沟通必须追求高效，而这就需要你理清头绪，用最简洁的语言说明问题，并在上司询问细节时，快速给出回答，从而便于上司做出决定。而在这样的过程中，你也能计算出可能需要占用的时间，如5分钟、10分钟或半小时。

与此同时，在部门、职责区分的公司，你也要明白哪位上司能够给你想要的结果，从而找准沟通对象或是明确沟通顺序。

第二，预约时间，切忌打断上司工作。

无论可能占用的时间有多短，都不要随意敲开上司办公室的门。因为在当时，上司可能正在处理重要事项，也可能在思考一个创意方案，此时的打断则可能使上司感到突兀，影响其手头处理事务的节奏。

因此，如非紧急事项，在沟通之前，你最好先与上司预约时间，询问上司何时有空，并告知可能需要占用的时间。这样一来，上司才能在其日程安排中找到合适的空档，处理你需要沟通的问题。

03 你的"废话"，下属听懂了吗

在企业的日常工作中，领导者通常都要处理比员工更多的工作任务。他们每天都和下属一起进行任务分配、状况确认、效果反馈和工作总结等事务。此外，领导者还肩负着为不同部门、不同员工提供资源支持、协调内部关系的重任……所以，当企业在迅速发展、激烈竞争时，领导者经常无法意识到沟通中存在的问题，他们倾向于采取直接进行谈话或宣布决定的方式，将任务布置下去，并认为沟通就此见效了。

打造你的领导力
——从"管人"到"管全局"的突破

虽然领导者希望员工有强烈的责任感，去积极主动地了解沟通所传递的重要内容，但由于双方所处角度不同，加上现代企业内部事务繁忙、工作节奏很快，作为执行者的员工，很容易觉得领导者的话难以入耳，甚至根本听不进去。结果，就会造成双方之间的严重误会：领导者认为，对员工说话犹如对牛弹琴，不论自己怎样苦口婆心，员工都听不进去；而员工认为，领导者不体谅下级的难处，永远都会像电影《大话西游》中的唐僧那样，说一些不着边际、看似正确的"废话"……

试想，原本是为了沟通而进行的语言表达，最终却加大了彼此之间的隔阂。领导者知道这样的"真相"之后，是否会感到心痛呢？

在老子的《道德经》中，关于领导者的语言表达风格，有如此精辟的论述："希言自然。飘风不终朝，骤雨不终日。孰为此者？天地。天地尚不能久，而况于人乎？"意思是说，少说话、少发令，是真正合乎自然法则的领导者语言风格。狂风，不会刮一整天，暴雨也不会下一整天。风雨大作，是谁的能力？自然界。自然界都不能持久地狂风骤雨，又何况是人呢？

在老子看来，运用大量的语言进行沟通，显然是不合乎"道"的，也就是不合乎常理的。如果领导者非要选择这种有悖于人性的风格来进行沟通，则只能收获负面的效果。所谓"希言"，是指领导者应该珍惜语言表达的价值，这样才符合"自然"。

其实，不仅是中国传统文化要求领导者做到"希言自然"，在西方历史上，成功的领导者也大都如此。

第二次世界大战期间，面对纳粹德国的疯狂进攻，英国节节败退，士气有所动摇。英国首相丘吉尔认为，自己作为政府的最高领导者，需要做一场演讲来激励国民和军队。

举行演讲时，丘吉尔慢步走向讲台，先将帽子放在讲台上，然后他用坚毅的目光从左到右横扫了整个会场，说道："永不放弃！"然后又从右到左注视着所有人说："永不放弃！"这时，整个会场已经鸦雀无声，而丘吉尔依然严肃地望着所有人，加大了音量："永不放弃，永不放弃，永不放弃！"整个会场因此而兴奋起来，掌声、欢呼声震耳欲聋，士兵们群情激奋，恨不得马上就奔赴战场。在一片

第八章
向上与向下沟通的秘诀

欢腾中，丘吉尔默默地戴上礼帽，拄着手杖走下了讲台。

同样是带领盟国走向二战胜利的领导者，罗斯福的命令风格也讲究"希言自然"。当时，由于担心日军的夜间空袭，美国政府颁布了灯火管制命令："务必做好准备工作。凡使用内外照明设备，而产生能见度的所有联邦政府大楼或政府使用的非联邦政府大楼，在日军夜间空袭时，都应漆黑一片。可以通过遮盖灯火结构或终止照明的方式，实现黑暗。"而当罗斯福总统看到这项指令之后，他用自己的语言风格表达为："要求：在房屋里工作时，遮上窗户；不工作时，必须关掉电灯。"

可见，对那些领导着几十万军队和上千万民众的最高领导人来说，语言是最宝贵的资源。通过最简洁的表达，输出最大的信息量，他们才能高效地带领下属走向胜利。在中小企业中，老板面对的员工数量往往只有数十人，更需要采用最经济的语言达到最佳的效果。要知道，简洁的语言运用在组织的日常领导上，往往能比那些繁杂冗长的表达更加吸引人。这样的语言能够体现出领导者认识的深刻，表现出不同的认知和思维能力；而当员工聆听这样的语言时，也能够在最短的时间内获得最明确的提示。

领导者在和下属的沟通中，经常扮演沟通中的主导方，他们更有责任去秉承"希言自然"的原则，懂得如何直白而精确地陈述想法。图8-2所示为领导者与下属沟通的注意事项。

图8-2　领导者与下属沟通的注意事项

打造你的领导力
——从"管人"到"管全局"的突破

第一,明白沟通的主题。

无论是日常工作的管理,还是企业战略决策的讨论和宣布,领导者都应该在沟通之前明确主题。为了能够清楚地表达主题,需要先确定中心论点,且论点必须集中于某一个问题,围绕其产生原因、实际表现或解决方法进行。这样的中心论点应该提前向沟通对象进行公布,沟通时,交流的内容就不会模糊化,员工也就会在最短时间内跟上领导者的思路并共同寻找答案。

第二,注意用词的精确化。

苹果的创始人和领导者史蒂芬·乔布斯有着很高的文学素养,也专门锻炼出了自己的语言风格。在一次记者采访中他这样答记者问:"在我的字典中,没有所谓的职业生涯,只有生活(life)。"正因如此,许多人都表示,参加过乔布斯主持的苹果新品发布会之后,会感觉自己的英语能力都有所提高。

领导者在言辞用语上应该精准化,不要习惯于使用"大概""或许""差不多"等模糊的用词,也不要使用那些和员工的学历背景、工作环境、知识经验不相符的专业术语。

领导者应积累符合组织特点的词语,并完全辨明这些词语的异同之处。在日常工作时,领导者可以着重根据对方的理解、判断和交流习惯,有意识地从中选择最恰当的词语。一段时间后,就会发现自己的沟通效率有很大提高。

第三,拥有一针见血的沟通能力。

领导者固然需要具备迂回谈话的沟通策略与艺术。但在中小企业的工作实践中,他们经常会面对一些突发的或棘手的矛盾,如果不能及时解决,就会迅速对整个企业带来不良影响。面对这种情况,领导者要能在看到问题本质的基础上,有足够的勇气和魄力果断揭示矛盾,将问题根源用语言描述出来,即要一针见血地真正突出关键和重点。这样,才能对和问题有关的员工给予当头棒喝,让他们意识到问题的严重性。

第八章
向上与向下沟通的秘诀

04 不吝啬为员工勾勒一幅远景

有人说,中国人是最不团结的,"三个日本人是一条龙,三个中国人是一条虫";也有人说,中国人是最团结的,正是有了万众一心的凝聚力,才摆脱了旧时代被侵略、奴役的局面,成为今天的世界大国。

那么,企业领导者究竟应该如何定义组织是否团结呢?

不妨换个思路来看:《水浒传》中,一百零八个好汉都有着不同的出身背景和性格特点,更有着不同的山头派别,那么他们为什么最后会一心一意地跟随宋江征战四方?除了宋江本人的手腕和能力,最重要的是宋江激活了他们共同的渴望和梦想——改变现状,成为自己命运的主人。

可以说,梁山真正的领导者不是任何人,而是那面杏黄色大旗上书写的"替天行道"的"道"。

"替天行道"就是梁山好汉的共同愿景,他们在这样的共同愿景下可以摒弃前嫌,忘记彼此的不同,形成共同作战的组织精神。从某种意义上来说,领导者就要像宋江那样不停地推销愿景。愿景能够带给员工希望,而员工对此给出的则是支持与追随。一旦愿景消失了,人心也就没有了希望。

在传统中国社会里,知识分子渴求的愿景是《礼记》中所记载的"大道之行也,天下为公"。在这样的社会里,"选贤与能,讲信修睦",任用的都是贤能之人,因此可以做到"人不独亲其亲,不独子其子,使老有所终,壮有所用,幼有所长,矜寡孤独废疾者皆有所养……"试想,这是一幅多么美好的社会愿景。有了这样的愿景,数千年来,中国社会的仁人志士才有了奋发前进的动力。他们或在儒教的思想下奔走呼号为民请命,或在民主自由的旗帜下推翻封建帝制,又或为共产主义理想奉献满腔热血。虽然其表现形式有所不同,但究其根源都离不开这样的愿景。

同社会发展一样,企业的兴亡盛衰同样离不开人心的支持。如果领导者希望员工可以抛弃一切个人私心融入组织,就必须要提供接近"天下为公""替天行道"的愿景,让员工无论在睡梦中还是清醒时,都会想要为之努力。领导者应该通过

打造你的领导力
——从"管人"到"管全局"的突破

沟通，将这种具有号召力的目标向员工加以展示，吸引员工为之努力。正如美国领导力学专家玛丽·帕克·福莱特所提出的那样，最成功的领导者，可以先于他人看到尚未变成现实的情境，也能够看到组织中那些正在孕育发生的东西。他不仅能感觉到这些，还能让周围的人相信这些。同时，愿景也不是他个人所要达到的目标，而是整个组织都要获取的，符合身边所有人的愿望和行动。企业整体意愿能够展示所有人向往的未来，调动所有人的潜力。

蒙牛集团刚刚成立时，厂房选址在呼和浩特的郊区。当牛根生带着团队成员来到厂房时，看到的只是一大片荒地。但他信心十足地指着那里对所有人说："兄弟们，好好干，今后几年，这里就会出现成片的现代化牛奶生产车间，旁边就会有宽阔笔直的高速公路！"这一番话，让所有人觉得心中有了希望，就像小草那样在心中发芽生根，有了干劲和动力。随着愿景的不断宣传推广，整个蒙牛集团越做越大，不久之后，牛根生所展示的愿景顺利出现在人们面前。

愿景注定不是世俗的。卓越的领导者不会只用名利和财富去吸引别人。他们知道，单纯会被这些吸引而来的员工大多只是平庸之辈，并不会是真正优秀的人才。那些能够帮助你改变企业、创造世界的下属，会在名利之上追求更多的梦想，如果领导者自己都不在乎这些值得信仰的目标，又如何去说服他们？如果领导者自己都不能为企业的美好未来而激动，又如何能够期待他人的投入？因此，领导者一定要学会用充分的沟通来为员工勾勒愿景（见图8-3）。

图8-3 领导者为员工勾勒愿景的方法

愿景的表达应形象化
↓
学会讲故事
↓
愿景要打动人心

第一，愿景的表达应形象化。

领导者向员工提供的愿景不应是抽象的。当领导者对员工进行愿景描述时，首先必须做到形象化。那种"要成为一流的企业""要做最好的×××商"之类的语言，已经无法清晰展示出形象的图景，也很难直接打动员工。

第八章
向上与向下沟通的秘诀

企业领导者要对未来有具体的想象和设计，在脑海中形成清晰图象，并能够让人认知和辨别其中的部分细节。当你在脑海中反复构建和识别这些图象之后，最终才能拥有属于企业整体的愿景。

随后，领导者应该用语言向员工进行表达，重点在于描述其具体的表现。例如，我们公司将会在未来成为行业中的某个角色，那时我们会拥有怎样的客户，会拥有怎样的人才队伍，我们会有怎样的厂房、办公室，会有哪些新闻媒体来采访我们等。

第二，学会讲故事。

为了让描绘出的愿景真正形象生动，领导者可以进一步学会讲故事。用故事来描绘愿景，不仅要注意语言文字，同时还要注意人的表情、神态和其中的情节和内涵。正因如此，很多优秀的领导者都是擅长讲故事的，起码擅长向他的下属和员工讲故事。

在设计故事时，领导者应该注意将自己和员工都带入其中，成为主角。围绕主角所发生的故事情节，不应当是虚无缥缈的，应当是触手可及的。企业中的所有人都应该能在故事中找到自我形象，并满意于这些形象在故事中发挥的作用和所处的位置。当然，为了把故事传播得更远、时间更长，仅仅依靠领导者个人的语言表达还是不够的，还应该采取多样化的形式，如网站、视频、音频、出版物，来向员工传播。

第三，愿景要打动人心。

"天下为公"的愿景之所以能激发仁人志士，是因为他们能看到愿景可以带给周围人的改变，这同他们内心的期盼有着密切关系。同样，如果领导者所强调的愿景和员工没有关系，他们又如何产生共鸣？如果这种改变只和员工有关系，而和他们所关爱的人、关爱他们的人无关，他们又怎么可能被打动？因此，领导者所强调的愿景必须和员工有紧密的关系，最好是从利益关系开始。

愿景的内容应该包含企业变化带给员工生活的变化。不要向员工渗透那些无法改变其直接生活的愿景。大多数员工不可能有崇高的人生追求、高远的精神理想，他们更渴望解决自己的住房、私家车、婚姻、养老问题，进而满足身边人的相应需求。只有当愿景能够解决这些问题时，对他们来说才是有意义的。所以，领导者一定要站在他们的角度来表达愿景，而并非仅仅依靠个人理解来描述。

05 有些谈话，你只需要静静聆听

领导者形成的各种沟通习惯中，占据谈话主动权的居多。当他们和下属交谈时，很容易滔滔不绝地展示自己的口才和思维，尤其是对那些感兴趣的话题或希望能够改变员工想法的话题更是如此。

诚然，几乎所有成功的领导者都拥有过人的口才，可以说服员工。但在沟通中，"听"远远比"说"更加重要。当领导者说得太多时，结果往往会适得其反。

正如老子向孔子所说的那句话："良贾深藏若虚，君子盛德，容貌若愚。"意思是富裕的大商人往往将其手中的货品藏起来，就像没有那样；德行高尚的君子则看起来就像愚蠢无知那样。真正的领导者所希望获得的沟通能力，并不应该只表现在聪明机智的雄辩上，而是表现在用心的聆听上。

领导者的"聆听"并非被动地听见，而是指带着理解力和注意力去用心倾听。尤其是面临着种种工作压力的中小企业领导，很容易在和下属交谈时分神，即当下属打开心扉倾诉时，自己却在想着甚至做着手头的事情。这种沟通方式不但效率低，还会让下属受到打击，他们认为你是有意在忽略他们，或者觉得自己的想法根本没有价值。

思科集团中国区前总裁林正刚先生回忆过自己的领导风格。他说，在多年前，自己的领导风格是很强势的。每当开会之时，整个会场就是他一个人的舞台，自己经常只是宣布计划，然后就把任务布置给每个人，并监督他们去执行。后来，林正刚发现，这样领导的效率太低，自己会被累垮，整个团队也都无法成长。于是，林正刚开始改变领导风格，他决定要学会怎样去听取别人的意见。

第八章
向上与向下沟通的秘诀

自认识到这一点之后，林正刚强迫自己在开会的时候不去说话，或者尽量少说话。一开始，这样做相当不容易，作为公司的总裁，他总是忍不住对很多问题有想法并加以评论。而且即使真的不说话，他也没有去认真地听其他下属的谈话，只是在寻找自己开口的机会。经过相当一段时间的"锻炼"之后，林正刚终于习惯了不发言，此时，他才发现自己能"听"到别人的话，并由此产生了很多新的想法。

在沟通中，采取倾听态度能够有效避免沟通中可能产生的问题。林正刚总裁用自己的领导实践对此加以证明。英国联合航空公司总裁兼总经理费斯诺就此提出了一条定律：每个人有两只耳朵，却只有一张嘴，这意味着人应该去多听、少讲。否则，说的话太多就有可能变成领导的无形障碍。

现实中，学会下面这些，你才能真正懂得什么是倾听。

第一，具有倾听特点的动作。

即使你真的在听，但如果你的行为举止并不具有倾听的特点，就很容易让下属误解。同时，领导者自己的注意力也可能被分散。图8-4描述了善于倾听所表现的五个方面。

图8-4　善于倾听所表现的五个方面

当你听取下属的意见时，有必要将身体转向他们，在对方说话时停止小动作，并略微给出回应，如"嗯""我明白""是的"等。另外，还有语气、神情等，不要忽视这些看上去并不起眼的动作。当你展现了这样的态度，传达给员工的是真正的诚意，才会找到问题所在，进而将问题解决。

第二，将倾听放在沟通一开始。

当领导者形成决策，抑或在工作中发现问题之后，总是习惯于将相关员工找来，并直接告诉他们你的想法，指示他们应该如何去做。这样的方法似乎是企业的通常规则。然而，如果你只是使用这样的方法，员工很可能觉得自己永远是在被动执行或被特别警告，逐渐会变得消极被动，进而产生防御心理。

改变这种局面的方式是以领导者先听再说的方式进行沟通。你可以先向员工提出问题，例如，最近工作情况怎么样，哪些部分做得比较好，哪些地方感觉还不够……你可以巧妙地将自己想要说的内容转化成问题，并听取对方是怎样回答的。通过他们的表达，并分析其看法，领导者就能够为自己将要说的话进行铺垫，营造较为良好的沟通氛围。同时，下属也更能接受你的看法。

第三，对已经听到的部分加以简单复述。

在和员工谈话的过程中，领导者即使认真听取，也不一定能够接收到符合员工本意的信息。为了避免产生误解，在下属表达的过程中，领导者除了仔细聆听之外，还可以对自己认为重要或模糊的地方加以简单复述，使用自己的理解和表达方式，将对方的看法再次表达一遍，再询问对方自己的理解是否有误。通过这样的方法，领导者就能确定自己没有误解员工的意思。

无论如何，倾听在沟通中的重要性是不言而喻的。领导者多听，是为了可以更好地沟通，更方便地了解情况和给出反馈。所以，当领导者在充分听取下属意见之后，最终还是要果断地作出决策、进行表达。

06　给员工畅所欲言的自由空间

企业经过发展之后不断壮大，受时间和精力限制，领导者所能直接管理的下属注定只有几个人。那么，伴随企业壮大，他们应该怎样真实而全方位地去了解

第八章
向上与向下沟通的秘诀

基层情况呢？事实证明，这样的问题是每个企业老总都需要认真思考的。

不少企业领导者都曾经面对这样的棘手情况：当自己需要搜集充分的信息来为决策作参考时，却找不到应有的渠道。当他们想要为企业挑选高层管理者时，或者直接了解客户的第一手资料时，面对着的却是陌生员工。这些员工虽然会用微笑和热情来回应领导者的询问，但却不一定会提供全面的情况。

在中国人的职场哲学中，"家丑不可外扬""报喜不报忧"等思维理念依然有着强大的影响力。当不同部门的员工面对企业最高领导者时，很可能说出的话都是早已排练好的台词。如果领导者总是碰到这样的尴尬场面，就不能简单地责怪员工了，而是要多从自己身上找原因：你是否在平时就积极鼓励员工畅所欲言？

《道德经》中有云："以道佐人主者，不以兵强天下。"意思是说用"道"来指引领导力方向的人，并不是用武力来逞强。同样，在企业中想要建立自己的领导力，就不是依靠单方面的权威去强迫下属说出真话。权威可以让下属表现出绝对服从的态度，但却没办法让他们成为你的心腹与耳目……

唐宣宗李忱是一位善于听取意见的皇帝。他执政之后，经常深入民间，和百姓积极交谈，鼓励他们说出真话。通过这种交谈，了解下属表现如何，并据此提拔工作能力强的官员。

一次，唐宣宗前往皇家北苑去打猎。路过一片树林时，碰巧看到几个樵夫在休息。于是唐宣宗拉住马，和樵夫们就像老熟人那样闲聊起来。由于他平易近人，樵夫们并不惧怕他是皇帝，话题便延伸开来。当知道几个樵夫是泾阳县人时，唐宣宗趁机问道："泾阳县令是谁呢？"樵夫们回答说："县令大人是李行言。"唐宣宗又问道："他政风如何？"樵夫回答说："县令大人为人正直，敢于为民做主。一次，有几个强盗抢夺民间财物，因为担心查办，就躲到了北司的军营中。李县令派出衙役去抓人，没想到军营的将领说什么也不愿意放人。县令大人毫不畏惧，冲进军营，抓获了强盗，判处死刑，还将藏匿强盗的将领打了几十大板。这件事情让百姓们纷纷拍手称快！"

打造你的领导力
——从"管人"到"管全局"的突破

唐宣宗了解到这个情况,就将李行言的名字记了下来。不久之后,唐宣宗就任命李行言担任了海州郡守,果然政绩卓著。

如果李忱不是平时就深入民间,积极鼓励百姓们畅所欲言,那么,樵夫很可能早就远远躲开了。即使被皇帝宣召谈话,也只会说些歌功颂德的话语,谁也不愿意多说半句话。正如中国人相信的"祸从口出"那样,任何下属在面对领导者时,都会天然性地产生防备心理而不愿意招惹是非。想要听到他们内心的声音,领导者就必须要如同李忱那样,在平时就积极鼓励员工说出真话,从而解除心防。

当领导者能真正理解员工后,就会明白畅所欲言对他们的重要性。而员工一旦发现无论对方是上司还是老总,只要想说的话都可以说出来,只要是问题都可以提出来,而不论说出什么,都不用担心会遭到不公平的打击报复,那么,员工就会感受到工作心情的畅快,这种感受甚至比物质奖励还能激励他们努力工作。因为他们收获的是满足感和安全感。

为了让下属能够沉浸在这样的幸福中工作,领导者应该从什么角度出发让他们畅所欲言呢?具体方法可见图8-5。

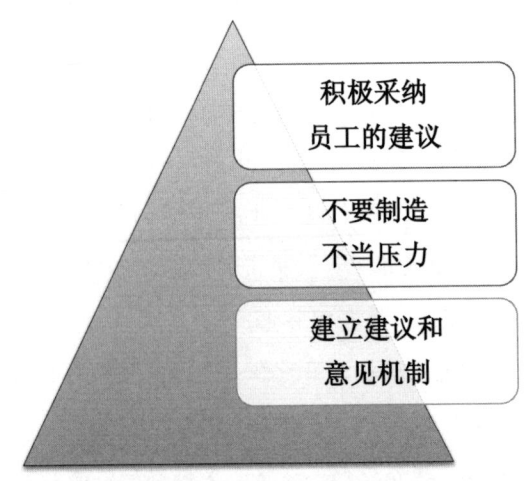

图8-5 领导者鼓励员工畅所欲言的方法

第八章
向上与向下沟通的秘诀

第一，建立建议和意见机制。

古往今来，成功的领导者都非常重视听取意见。在现代企业的领导方式中，这种现象更为突出。卓有成效的领导者不仅会在口头上欢迎员工表达，还会在企业内部打通上下联系的渠道，让员工轻而易举地形成合理表达。这种引入员工来进行组织管理的方式，可以让企业工作计划和目标更为合理。

1880年，柯达公司创始人乔治·伊斯曼发明了新型感光胶卷，随后他成立了柯达公司，专门生产照相器材。为了能够改善公司的经营管理，伊斯曼非常重视员工意见。他提出，公司的大量设想和问题都可以从员工的意见中得以实践与解决。为此，他在公司中设立了建议箱，任何员工都能够将自己对公司某个环节或全面的看法、建议写下来投入建议箱。经过公司指定的专人挑选之后，伊斯曼会亲自处理，一旦被选用的建议产生效果，公司会给员工以奖励。这样的制度开创了美国企业历史上的先河，并在此之后一直沿用。

如今，企业的领导者可以利用信息手段，如公开电子邮箱、微信公众号或在企业内网上开辟专门的讨论板块，让员工习惯于将意见或建议通过这些信息手段加以提交。当员工得到鼓励之后，他们就会养成说真话的习惯，而企业也将由此获益。

第二，不要制造不当压力。

员工在企业中理应感受到压力，但这样的压力应该来自于组织的任务、纪律，而并非来自于领导者个人对其产生的不满。例如，当员工在工作之后试图和同事、上级进行交谈时，领导者不应过多干涉，或听到下属之间的话题就希望马上能介入其中。类似这种做法都很容易让员工觉得自己因为说话而被"注意"，或者被"警告"，他们会因为讨厌这种感觉而不愿再开口。

此外，企业内部需要推行相应的管理制度和规定。但领导者应该通过对应的途径如会议、座谈等向员工宣布,这些规定是为了维护工作时组织的纪律,而并非用来压制员工的自由表达,因此无需形成不必要的压力。

第三,积极采纳员工的建议。

员工是企业中的一线工作者,很多情况和问题都必须是由他们第一时间发现和应对,他们的许多建议也会更准确地命中问题的要害。对于领导者作出的决策,不少员工也能依靠自己的直觉和多年的经验,作出富有价值的判断。当员工基于这些原因向领导者提出建议之后,领导者要知道如何从中找到值得参考的部分,并进行合理运用,这样就会让员工感到充实和快乐。同时,这也能为员工下一次提出建议增添动力。

09 第九章
领导者识人用人的核心

打造你的领导力
——从"管人"到"管全局"的突破

01 善用人者，无无用之才

对企业的管理，并不一定需要领导者耗费多少表面功夫。在实际工作中，如果领导者能够促使员工发挥自身的主动性，让他们多行动、多思索、多反思，那么，自己就能相应地少作为、少直接评论、少跨级指点。这样，上下级之间产生矛盾的可能性就大大减小了。

然而，在识人用人时，很多领导者一直哀叹"无可用之才"，正如那句"蜀中无大将廖化作先锋"所说。但真实情况却是，在领导者的指手画脚下，可用的人才也容易被埋没，有潜力的员工也被打压了积极性。

老子喜欢强调"无为而治"。其实，所谓的"无为而治"从来不是指领导者什么都不做，而是指在用人过程中不要违背正常规律的"乱作为"，也不要去刻意彰显什么"大作为"。恰恰相反，能够真正打动人才、激发人才的，是领导者于无声处的体谅和关怀。这种看似无意实则有心的影响力，最容易激发员工的潜能。

宋太宗时期，孔守正因为对朝廷立下大功，被封为殿前都虞侯。一天，他和武将王荣一起在宫苑中参加宋太宗酒宴。喝得兴起，两人不免谈论到战场上的英勇事迹，很快开始争论起各自的功劳大小。两个人越说越来劲，吵得也越来越大声，甚至根本忘记了作为臣子的礼节，完全忘记了在场的宋太宗。当时，其他侍臣们很是惶恐，奏请太宗将这两个人抓起来送到吏部治罪。但宋太宗并没有同意，只是让人将两个人送回府中。

第二天，二人清醒过来，诚惶诚恐地前来请罪。宋太宗只是笑着说："你们说的事情，朕昨天也喝醉了，完全记不得了。"二人终于释然。而文武百官听闻之后，纷纷感怀敬佩宋太宗的宽容仁德。

如果宋太宗一味抓住皇室的"原则""制度"，孔守正和王荣这两位武将必然要受到处罚。这种处罚表面是公允的，但对于引导人才的成长并没有实

第九章
领导者识人用人的核心

际用处,更不利于下属之间矛盾的消弭。当他们接受处罚之后,埋藏在心中的却是压抑的不满与愤怒,这种负面情绪迟早会流露在工作过程中,或者影响个人能力的发挥,或者破坏团队整体的协作,甚至让整个组织都受到牵连影响。

在《道德经》第七十八章中,老子说:"天下莫柔弱于水,而攻坚强者莫之能胜,以其无以易之。"老子认为,水所具有的柔弱,正是其本身所具备的特性,同他所提倡的"柔能克刚"特性完全符合。在继承吸收了老子思想的《庄子》中,更有进一步阐述。作者庄子借用老子的话表述说,理想的领导者治理天下,虽然遍地功德,但仿佛和自己无关;虽然能够将教化惠及万物,但人们却丝毫感受不到;他不会留下什么施政的痕迹,但万事万物却都能不断运行自如。

换而言之,理想的领导者在企业内部创建的是有规则的系统。在这种系统运行下,组织中的每个人都犹如身处大自然中,能够恰如其分地相处,樵夫上山打柴,船工下河划桨,各自承担各自的责任,达到"百姓皆谓我自然"的理想状态。有了如此系统,即使其运行细节中依然会出现问题,领导者也不需要动用雷霆之怒,而是像宋太宗那样,能够化解于无形。

可见,真正善于用人的领导者,能够发挥每位员工的长处,并引导员工成长为更具能力的人才。这也就是所谓的"善用人者,无无用之才"。而这样的状态可以通过下面的方法获取(见图9-1)。

图9-1 领导者知人善用的方法

第一,对组织和个体的领导方法相区别。

想要实现"无形驾驭"的领导境界,就要对整个组织和其中个别员工采取不

打造你的领导力
——从"管人"到"管全局"的突破

同的领导方式。对前者，无论是引导还是奖惩，都需要明确、清晰的规章制度；而对后者，则可以进行不同程度上的模糊化处理。

把握好这样的区别，首先需要领导者有充分的气度、胸怀和智慧。其次，还需要他能够对企业整体状况有精准的把握，能够在充分的准备下，打造员工团队，使其成为自动运行的系统。

归根结底，这需要领导者了解人性、看懂人心，审时度势、积极变化，在不同角色中顺势而为，如水般流动和渗透。

第二，懂得灵活领导的重要性。

企业的战略性领导方针是既定的，但针对个人的管理手段则必须尊重实际，灵活积极。因为一旦被员工发现领导者管理中的规律，就有可能被加以利用和破解，领导者对企业的掌控就会出现漏洞。

对于那些关键性员工，要做到"无为而无所不为"，在尊重事实和确保公平的基础上，根据不同下属各自的性格特征、情绪变化、工作任务、发展前景、职场目标来确定管理手段。而具体到不同的情况，则需要领导者能够随机应变，何时应该视若无睹，何时应该大事化小，何时应该重点强调，何时应该严厉批评，都不能有一定的准则。

第三，奖惩并不一定需要公开化。

在传统组织的管理手段中，奖惩似乎都需要公开化，才能发挥其最大效用。然而，彼时中国人习惯于集体生活，今天的员工主体正在趋向于"八零后""九零后"，他们更加需要尊重各自的个性特点和隐私权利。

为此，所谓的"无形"还可以体现在非公开化的奖惩上。例如，你决定奖励某个业绩突出的员工，不一定要大张旗鼓，而是可以私下通知他领取奖金，或给予带薪休假、优秀培训等。同样，你决定对某个员工加以惩处，也可以单独通知他，并在其他人不知情的情况下完成处罚。这样，员工会感到自己受到的是特别重视，领导者可以用来管控的空间无形中也加大了。

02 谁是人才，谁是庸者

领导力达到"不知有之"的境界，是很多企业家梦寐以求的：身为老板，在企业的日常运营中却能成为"隐形者"。做到这一点并不简单。这种境界的领导者无论是个人威望、领导能力还是管理方法，都已经达到了炉火纯青的地步。与此同时，其手下团队在实践中不断淘汰、提升，也犹如沙里淘金一般，俨然具备了自主协作、运行和修复的功能。这两方面条件是相互契合与补充的。正如训练有素的球队，由于有了主教练的高明调教管控，在比赛时，即使主教练没有出现，优秀的运动员也依然能保持原有的竞技水准。

可见，境界的提升，虽然和领导者本人有密不可分的关系，但同时也和团队中优秀人才的比例息息相关。下属中人才比例越高，领导力境界提升就越快；相反，如果平庸者充斥在企业中，领导者就会经常产生有心无力之感。毫无疑问，准确判断谁是人才、谁是庸者，推动企业内部的正向淘汰，是走向用人境界"无为而治"的关键步骤。

从古至今，成功的领导者大都重视积累"识人"经验。不妨来看看他们是如何做的。

孔子认为，判断人才的方法可以概括为"视""观""察"三个步骤。其中，"视其所以"是指看一个人表面的行为，"观其所由"是指进一步分析行为之下的动机和方法，而最后"察其所安"则建议人们去深入了解对方内心的价值取向和志趣所在。通过类似方法，即便对方想要隐瞒，也难以遁形。

曾国藩识别人才也有一套标准。他首先要看下属的长相，其次看他们在为人处世中抱持怎样的态度，最后还要看对方是如何看待名利的。如果这三方面都合格，那么曾国藩还要考量对方的"德"，如果二者不可得兼，那么他宁可放弃"才"，也要选择品德高尚的人加以任用。

百度老总李彦宏在南开大学的演讲中这样说道："什么叫优秀的人？其中之一，就是要认同百度的文化。百度文化，最简练的说法五个字，就是：简单可依赖。简单，就是不玩公司政治，不去钩心斗角；可依赖，就是你和同

打造你的领导力
——从"管人"到"管全局"的突破

事相互能够依赖,你可以将别人交给你的事情做完,你交给别人的事情他也能做完。这样就有了同样的做事方式和理念,这样的人才能一起把事情做成。"

可见,每个领导者都有着挑选人才的不同标准。在企业中,欠缺的不是人才,而是领导者发现人才的眼睛。独具特色的识别方法,能帮助你将人才从普通员工中挑选出来,并将平庸者剔除出组织。这样,领导力的构建才会有充分扎实的落脚点。

第一,要认真分析企业需要怎样的人才。

当下的人才特点复杂,呈现出越来越多元化的趋势。不同性格特点、不同知识和技能的人才,都具有各自的价值。但企业在其发展的各个阶段中,需要的人才类型却不尽相同。正是这种需求,决定了企业是怎样的企业、领导者是怎样的领导者。

为此,你需要积极分析判断企业需要怎样的人才,并对他们进行"画像"(见图 9–2)。

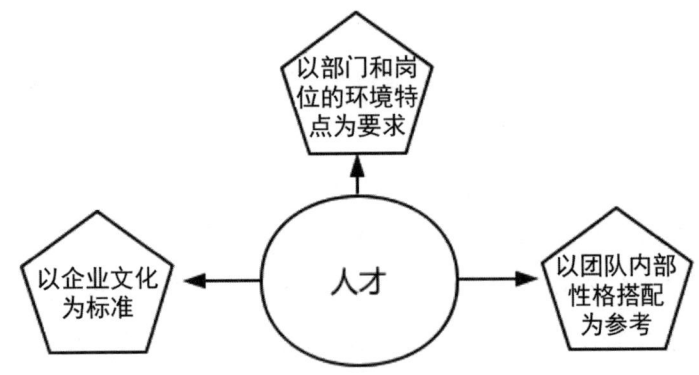

图 9-2 判断企业需要怎样的人才的方法

首先以企业文化作为标准,其次以部门和岗位的环境特点作为要求,最后以团队内部性格搭配为参考。这样,能够积极适应企业文化又能够贡献价值的员工,才能一跃成为你眼中的人才。

第二，进行长远人才需求分析。

不少中小企业对员工的培养和任用过于依靠老领导者和少数管理层的看法，这种看法又容易短期化，经常是某个部门上报需要的人才类型，然后再被动招聘或晋升。其实，领导者应该站在企业长远发展角度，形成全局性的人力资源规划，在对公司现有员工进行分析的基础上，同时对未来发展状况加以预测。这样，领导者就会带着明确目的去观察和发现人才。

第三，用完整的岗位说明书去衡量员工。

岗位说明书的意义远远不止于培养新员工。除此之外，它更能作为工具，帮助领导者具体了解员工是否在其岗位上足够称职，是否能够发挥出更大的潜力。

在设置岗位说明书时，要注意其完整性，包括企业为什么要设立该岗位，该岗位具有怎样的职责、权限以及任职资格等。还可以在岗位说明书中向员工介绍未来职业发展的可能途径。这样，领导就能在具体考核中，结合员工的行动和结果，来判断他们是否符合岗位说明书的要求，由此弄清楚他们是否属于可以重用的人才。

03 "使人如器"与"使人求备"

古代典籍《说苑》中有这样一个故事：

甘茂奉命出使齐国。当他雇了一条船准备渡河时，船夫在闲谈中讥笑他说："你这个人，连自己渡河都需要求助于人，又怎么能为国王出使他国？"

甘茂平心静气地回答说："骏马可以日行千里，但是如果让它待在宫中捕捉老鼠，那还不如一只小猫；古代的铸剑大师干将，锻造出的利剑可以杀人如麻，但若是送给木匠去做活，效果还不如普通斧子。说划船渡河，我确实不如你，但如果说出国做使臣，你就不如我了！"

打造你的领导力
——从"管人"到"管全局"的突破

船夫哑口无言。

如果让甘茂去做一名船夫，显而易见，纵然他学会划船，工作效率估计也远远不如那些老船夫。划船，是他能力上的短板、资质上的不足，如果此时有管理者来观察甘茂，很可能得出"这种员工太不行"的观点。

然而，事情真的是这样吗？如果进一步思考分析就会发现，误会的原因在于领导者观察的角度。

贞观二年，唐太宗李世民对右仆射封德彝说："近来朕希望你举荐贤才，但你却一直没有推荐，这样我以后依靠谁呢？"

封德彝回答说："臣子虽然愚昧，但怎样敢不为陛下尽心？只是我一直没有发现谁有独特才能。"

李世民说："以前，圣明的国君使用人才就如同使用器具（使人如器），都是当时有怎样的人才就加以使用，难道我们一定要碰到傅说、吕尚这样的贤臣，才能处理朝政？"

"使人如器"的观点，自此在中国领导力学说中源远流长，始终发扬其独特的功能和价值。

在最理想的状态下，企业中每个员工都是顶尖人才，都能在其岗位上做到最好。但现实中，那些规模不够大、发展不够成熟的企业，不可能短期内就拥有这样强大的人力资源。因此，领导者必须要接受现实，从现有的员工中分别按照其特长来加以任用，力争把现有的员工队伍效能发挥到最强。否则，在求全责备的领导者眼中，每个员工看起来都只会有所欠缺，始终无法找到心目中的人才。这样，领导者自然会终日疲于管理，难以为继。

"使人如器"，需要领导者懂得客观看待人才需求和员工现状的矛盾，并采取良好的用人方略，让企业整体能力发挥到最大。图 9-3 所示为领导者合理安排员工工作的方法。

第九章
领导者识人用人的核心

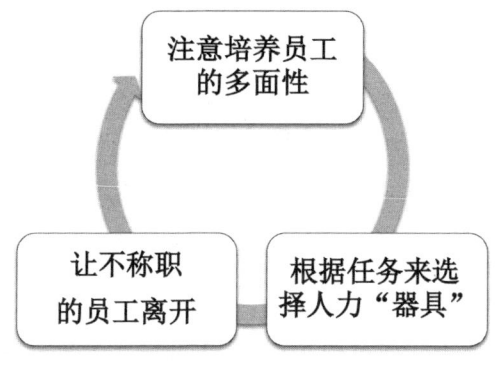

图 9-3　领导者合理安排员工工作的方法

第一，注意培养员工的多面性。

孙子曰："兵非贵益多也。"企业中，如果总是希望找到最好的员工，反而会导致机构中的人员数量越来越多，不断产生冗员，影响组织效率。最好的方法是不仅让员工成为"器具"，还要成为多种功能结合的"器具"，让人力资源得以精简的同时，也能不断发挥效用。领导者可以让员工在不同岗位上锻炼，或者要求员工利用工作和业余时间多接触其他工作流程，这样培养出的员工会具有丰富的知识和整体性思维，更利于他们在企业中发挥"器具"的作用。

第二，根据任务来选择人力"器具"。

无论企业大小，其内部员工特点总是不相同的，但企业本身面临的任务，却能由领导者做出预测和判断。为此，领导者可以根据发展状况，提前选择员工作为人力"器具"。

领导者可以首先列出某个员工在过去项目和当下职务中定下了怎样的工作目标，然后再将他们实际取得的绩效激励同目标进行比对。然后，领导者可以提出下面这些问题并寻求答案：哪方面工作他确实做好了？哪方面工作他能够做得不错？他还能够发挥哪方面的长处来学会更多新技能？有了这些答案，领导者就能够将员工和未来的任务分别对应上，确定最好的"器具"。

第三，让不称职的员工离开。

企业的根本属性是营利组织，赚钱是企业家最基本的道德。因此，只有能够为企业带来利润的员工，才是真正合格的"器具"。企业家想要进入"无为而治"的境界，就要果断让那些不称职、无法起到合格"器具"作用的员工离开。否则，不仅会影响企业整体利益，对员工本人也是一种伤害，因为他很可能在其他领域合格，甚至是优秀的"器具"。

为此，企业家不能有一时的妇人之仁，而是要坚决果断地在企业内部实行淘汰制度。这样，那些真正合格的员工才能感受到公平和公正，并拥有更加积极的工作热情。

04 下君尽己之能，上君尽人之智

领导企业的难点在于对人的领导上。通常，在中小企业内，领导权威感总是伴随强制监督和控制的，这种权威带有一定的专制色彩。虽然这种风格的领导方式也能创造相当的业绩，但想要达到更高的境界，还需要领导者激活下属，将每个人都变成自主经营的主体。

正如《韩非子》第三十五篇中所说："下君尽己之能，中君尽人之力，上君尽人之智。"最高明的管理者，不会总是亲力亲为，也并非只看到员工出力就满足，而是喜欢发掘员工的智慧，让企业团队能够自动自发地工作。这种状态下，甚至已经不需要多么严格的制度，就能自然达到最高的工作效率。

在海尔，领导者对员工的管理就体现了"上君尽人之智"的思想。该企业内部的创新 SBU、TEAM 团队、员工创新命名、市场链等管理方法，都能够看到领导者对自身威权的主动消解。在这些模式中，领导者不再需要对员工进行强制性的监督和管理，而是将企业内部打造成为外部市场的延续，把员工在企业内肩负的职责变成他们自己要面对的经营流程。每个员工要面对企业内部的"市场"和

第九章
领导者识人用人的核心

"客户",一切工作行为是否能够产生收益,不是看上司和领导者如何评价,而是要看企业内部怎样评价员工。

例如,海尔的"型号经理"的职位概念就体现了这一点。在这个职位上,员工不但要做好产品设计,还要保证产品具有充分的竞争力。企业为型号经理们提供各种资源支持,而型号经理本人就像在企业平台上创业的"小企业",他必须要充分利用平台和资源,竭尽自己的智能,为个人和企业创造效益。

通过这种做法,海尔开发了员工的"人智",每个人的主观能动性都将得到最好的发挥,最大程度地实现企业和自身的价值。

从"下君"到"上君",领导者需要不断攀登。加以总结归纳,可以分为下面的三个阶段,如图9-4所示。

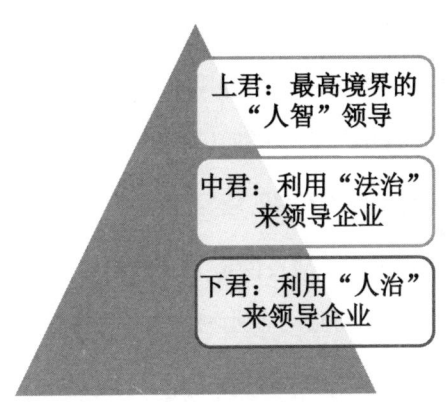

图9-4 领导者攀升的三个阶段

第一,下君:利用"人治"来领导企业

在这层境界中,领导者依靠自身力量治理企业。在这个阶段中,领导者是最累的,他需要保持充分的注意力在员工细节工作上,包括用不同的手段、权谋来对员工工作的积极性加以维持,一旦发现员工没有按时完成预期工作,就要对他们进行处罚和解雇等。许多中小企业还是依靠着"人治"的做法:领导者盯住管理团队,管理团队盯住员工,员工工作一旦松懈,制度的大棒就会落下。

打造你的领导力
——从"管人"到"管全局"的突破

"人治"是最原始的领导方式。尽管在许多中小企业中,这种领导方式还是相当有必要的。但这种方式最终会浪费整个企业的时间和精力,同时也会造成员工对企业环境产生逆反心理,并把这样的心理带入工作中。

想要摆脱"人治",领导者就应该意识到"下君"的状态是不可延续的。如果想看到企业不断成长,领导者应该将自身领导者的角色加以弱化,去想象和探索如果自己从"宝座"上走下,又该如何领导企业。

第二,中君:利用"法治"来领导企业。

相比"人治","法治"强调用合理的规章制度实现科学化管理。领导者此时已经了解了规范和制度的科学性、合理性,希望员工能在制度的约束和鼓励下工作。

"法治"是企业成长的基础。如果在企业内部建立了真正能够发挥作用的制度,任何员工的行为都会被限定在管理体系范围之内。这样,领导者就不需要无时无刻都想要知道员工在做什么、做得如何,他们只需要定期去了解制度执行的结果。事实上,目前绝大多数企业的领导风格都在追求完善的"法治",但即使做到这一点,也依然只是"中君"的境界而已。

第三,上君:最高境界的"人智"领导。

即使走向"人智"境界需要漫长的努力,但依然值得领导者去努力。在这种领导体系下,员工会将个人利益同企业利益紧密捆绑,他会不断设想、实践和创新。

想要看到员工能有这样的变化,领导者就应懂得把企业变成平台。首先,打造出周密全面的工作系统;其次,在企业中准备足够的资源,这些资源包括品牌、硬件、技术、人员,也包括文化、制度、理念、管理等。有了系统和资源,企业才能吸引到越来越多的人才,他们会在系统中自发打造更好的产品和服务,进而提高竞争力,形成领导模式的良性循环。

总之,当领导者眼中的企业不再是自己个人的事业,而是属于企业中每个人都能分享的平台,那么,"上君"境界也就离领导者不远了。这不但是领导力的胜利,更是领导者的事业观、人生观乃至世界观的跨越和升华。

第十章
领导者应具备的 5 个境界

打造你的领导力
——从"管人"到"管全局"的突破

01 志气：不甘平庸，拥抱失败

"天行健，君子以自强不息"，数千年前的《易经》用这样一句话作为开篇，其包含的伟岸力度足以穿越时空，给今天的企业家以奋进的动力。

"天"的运动强劲而刚健，和"天道"一样，企业家为人处事需要的不仅仅是权谋、手段，也不仅仅是人脉、资源，他们更需要在内心点燃力求进步的推动力，能够刚毅持久、发愤图强、永不停息。

真正的领导者不会止步于现有的成就，而会树立一个又一个更高的目标。表现出这种自立意识的领导者，才会得到所有人的支持和帮助，让企业始终处于正轨；表现出自强精神的领导者，能自内而外散发出力量，消除企业发展中可能出现的重重阻碍。

反之，缺乏志气的企业领导者，会在压力面前失去自控能力，会在成功面前迷失方向，会在失败面前垂头丧气。他们其实并没有真正强大的内心。

现实生活中，努力拼搏的人才能创业成功，并不断赢得尊重和信任。

1998年，娃哈哈集团创始人宗庆后刚刚解决了企业的产权问题，就面临着突如其来的沉重打击：由于事前判断不足，加上合作方香港百富勤公司的突然破产，娃哈哈集团在5家合资企业中的51%的股份全部转入法国达能公司手中。这样，娃哈哈集团彻底失去了控股地位。

此时的宗庆后终于明白，娃哈哈集团中了达能集团预先设下的埋伏。但对于这样的领导者来说，失败不足以吓倒他，反而激起了其更强的斗志。他告诉下属，娃哈哈损失了控股权的只是集团中较大的5家企业，另外还有5家规模稍小的企业并没有参与合资。因此，只要能够挺起胸膛，调整领导思路和工作重点，对没有合资的几家企业重点发展，一样能够反败为胜、掌控局面。

"江东子弟多才俊，卷土重来未可知。"到2007年4月，娃哈哈正式开始就合资合同条款不平等的事项，在国内外对法国达能提起一系列的仲裁和诉讼。到2009年9月，达能和娃哈哈集团双方已经达成友好和解。达能将其中51%的股权出售给了中方合资伙伴。

宗庆后的成功经验告诉人们,企业家固然会遭遇暂时的挫折甚至失败,但他绝不能失去志向。只有敢于拥抱失败的人,才有资格带领企业走向未来。

哪些要素是构成企业家志气的重要组成部分呢?图10-1所示为企业家志气的三个要素。

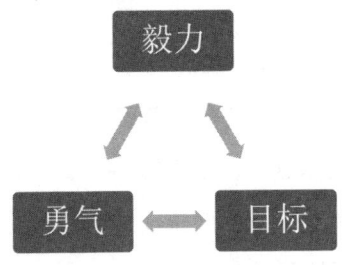

图 10-1　企业家志气的三个要素

第一,毅力。

独自攀登山峦的勇士需要坚韧的毅力,带领一艘船驶向茫茫大海的船长更需要毅力。因为前者更多借助个人力量,后者却需要动员整艘船上的下属,一旦船长失去毅力的支撑,结果将不堪设想。

企业家毅力的培养应更多地放在平时的潜心修炼上。他们要始终将注意力集中在长期和短期目标上,并努力排除来自企业内外的一切干扰,确保将最多的精力和时间用于发展前景上,确保组织利益得以最大化的实现。这需要企业家要将每天都当作掌管企业的第一天,方能投入而持久。

第二,勇气。

当企业家面对困难时,即便再大的险境,也应该鼓起勇气与之对垒。只有具备了堂吉诃德向风车冲锋般的自信和热情,企业家才能以勇气激发自信,带动员工践行信念。只有这样,整个企业才会坚持实现目标,领导者个人志向也将由此扩大,成为整个组织的志向。

第三，目标。

志向离不开远大目标。企业家创业伊始可能并没有树立高远的目标，因为那时更多考虑的是如何把事业做下去，让企业活下去。但随着企业的发展，想要保持原有的向上的动力，企业家就要不断用更有意义的目标来覆盖原有目标，这样，他们才能始终保持充沛的锐气。

一个企业从小到大，企业家着眼的目标也需从创业团队利益、员工利益，逐步扩大到投资者利益、社会利益，最终上升到国家民族利益的高度。有了这样的目标阶梯，又怎么可能失去向上攀登的志气呢？

领导者如果不想在日复一日的工作中逐渐平庸，就必须拥有坚强的意志。企业的领路人是否拥有强烈的求胜欲，是否能够树立稳定的方向感，都会改变整个企业的面貌。在困难面前，只有选择知难而进、锲而不舍，才会不断给整个组织以强烈的号召，让事业不断壮大。

02　骨气：坚守信仰，固守原则

"无商不奸"，是传统意识为企业家精神所埋下的一颗毒丸。同样是企业家，在西方舆论中可以成为改变世界的经营群体，成为无数人的精神偶像；但在中国，却往往成为仇富者树立的标靶，成为新闻界津津乐道的八卦根源，成为知识阶层不屑乃至不齿的"大款"形象……

造成这种矛盾现状的，不仅有东西方文化意识的差异，也有企业家个人的因素。真正的企业领导者不可能是人们想象中那种"奸猾"的老江湖形象，恰恰相反，他们具有非凡的人格，秉承坚定的信仰，恪守牢固的原则底线。

什么是信仰？信仰就是超越眼前现实，确信自己尚未见到的东西。企业领导者当然是人，而且是自然人、家庭人，然后才可能是企业家。但他想要成功，就必须具备非凡的信仰，能够为之献身。信仰的层次，甚至要高于其商业精神和理念，才能体现为实际工作中的原则和底线。

第十章
领导者应具备的 5 个境界

事实上,企业家所坚持的信仰,决不仅仅影响着对企业的领导。他怎样对待和要求自己,怎样看待朋友、亲人和家庭,都和信仰与原则有关。那些真正有所坚守的企业领导者,会重视自己的信仰追求。他的一生会更加平衡,不但事业成功,同时家庭幸福,人际关系圆满,在退休之后,也能安享晚年。马云显然是中国企业界的风云人物,围绕他虽然有诸多争议,但谁也不能否认,马云从创业开始,其领导风格中就体现出明确的信仰感。在第三届世界浙商大会上,他提出"浙商应永远不参与任何行贿"的底线。对此,人们抱以一片赞赏,但同时也有人心生疑问。在随后的回应中,马云进一步解释了他的看法:"阿里巴巴也许不是最典型的例子。但这么多年来,我没有给任何行贿的机会。"

马云说:"'不行贿'应该是企业领导者提倡的底线,如果企业连不行贿这件事都坚持不了,就不要做了。如果领导者外出行贿,那么树立的榜样就会发生偏差,企业内的员工也就可以为了个人利益放弃信仰和原则,去主动索贿受贿。这样一来,企业就会扭曲,也不可能健康发展。"

马云所重视的,正是身为领导者所应该具备的"骨气"。虽然做企业必须灵活,必须懂得权宜之计,但这并不代表企业家可以毫无底线地任意妄为。如果不能表现出应有的骨气,既在他人眼中毫无形象,也会导致团队离心离德、走向分裂。

企业领导者应该坚信自己的选择,当面临考验时,坚定正确的立场。只有这样,才能维护整个组织健康发展的长远方向。图 10-2 所示为企业家骨气的表现形式。

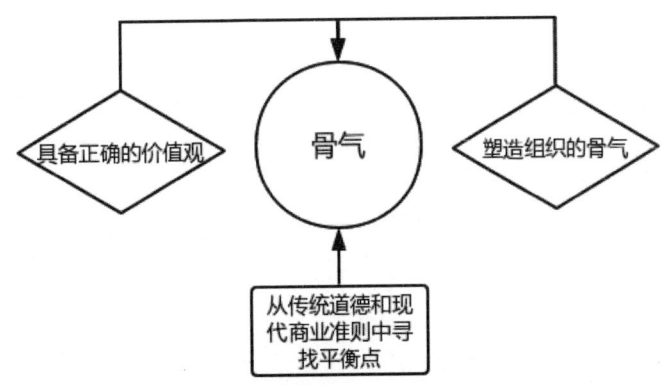

图 10-2　企业家骨气的表现形式

打造你的领导力
——从"管人"到"管全局"的突破

第一,具备正确的价值观。

"骨气"并不是盲目的,它来自企业领导者内心的强大。这种强大并非由金钱和荣誉支撑,而是应该从企业家内心的道德体系中提炼出来。

作为精英阶层,企业领导者需要促成社会的进步、人性的回归,帮助企业、员工、客户以及其背后每个家庭共同和谐进步,才能真正让内心丰富而强大。企业家必须要通过构建正确的价值观,形成个人对待职业的信念、对待员工的态度、对待整个社会的责任。

第二,从传统道德和现代商业准则中寻找平衡点。

儒家、道家和墨家,是三大主流传统思想的代表,置于当代高速发展的环境下,表现出很多值得企业领导者吸收学习的元素。例如,道家尊重个体的自由;墨家则推崇民主、技术;儒家则强调集体主义与责任感。但令人遗憾的是,其中道家和墨家两大中华文化思想流派,多年来始终被刻意湮没而无法提倡,直到近年来才稍有浮现。

西方的现代商业准则,从文艺复兴和宗教改革之后,民主决议、自由竞争以及团体协作等价值观念早已渗透其中,并在全球各大企业的成功过程中得到广泛体现。有鉴于此,中国企业家的价值观不应该局限于传统文化,也不应该盲目崇拜西方现代商业信念,而是应从两者间找到准确的平衡,形成属于当下企业领导者应有的价值观。

第三,塑造组织的骨气。

企业家是整个企业的灵魂和主导,有明确而清晰的信仰,才能对企业整体"骨气"加以塑造。

董明珠在格力的关键技术上不断创新,让自己的企业在关键技术上不再受制于人,这种不妥协的精神正是格力的"骨气"。

03　静气：放下欲望，力克急躁

《孙子兵法·九地篇》有云："将军之事，静以幽，正以治。"静，意味着沉稳而老练，能够放下欲望、战胜急躁，即使在千钧一发的情况下依然保持理性思考。领导者只有具备了"每临大事有静气"的素养，才能在遇事之时表现出大将风度。

养成静气，要求领导者一定要做到"持有事之心处无事，持无事之心处有事；以大事之心做小事，以小事之心做大事"。企业看似平稳运转时，领导者不能有浮躁心理，而是要始终保持警惕之心，真正面临重大决定时，反而要举重若轻。否则，员工会受到影响，他们会将领导的工作态度"放大"，在平时过于放松，而在压力面前又会过度紧张。

领导者越是做小事，就越要投入、仔细和精心，而越是做大事，则越要表现出信心和把握，从而稳定人心。

清朝康熙皇帝最注重"静气"的修为。三藩之乱时，清军主力和吴三桂部队决战，整整半个月都没有前方消息。北京城人心浮动、谣言四起。在这种情况下，一向勤于政务的康熙居然直接丢下事情，带着身边的几个太监跑到景山游玩。最终，人心安定，前方传来了捷报。

后来，康熙将这件事情写进了自己的《庭训格言》，并告诫子孙们：做大事要静气。如果当时连身为皇帝的康熙都表现得紧张不安，那么必然会导致臣子们更加紧张。而康熙故意放下工作去休假，就是为了举重若轻。这样，下属们心中有底，即便有人想作乱，也不敢轻举妄动。否则，事情很可能演变得不堪设想。

领导企业的过程离不开影响力的发挥。无论什么情况下，领导者的一举一动都会带给员工内心或大或小的影响，并促成他们的外在回应。静气的领导，可以让下属在企业内有更多安全感，也能做到心无旁骛。

想要培养自己的"静气"，你应该做到以下几点。

第一，学会控制自我情感。

成熟的领导者可以做到在想发脾气时不发脾气，同时也能在不想发脾气时去"发脾气"。只要他们面对工作、为了组织的利益，就能够做到不以个人意愿为出发点，而是根据客观需要来表现个人情感。如果不能学会控制好情绪，很可能因小失大，无意中得罪重要对象，导致企业遭遇本可以避免的风险。

第二，不急不躁，富有涵养。

领导者之所以成为企业核心，在于其可以从千头万绪中迅速理出最重要、最紧急的事情。但企业领导者也是人，同样会在事务繁杂时产生内心压力。这就需要在日常工作和生活中善于自我调控，懂得适当转移注意力，将急躁情绪扼杀在摇篮中。

为此，领导者无论面临多么紧张忙碌的工作，都要讲究条理性和计划性，有规律的生活和工作能有效化解压力。

第三，不要随便透露个人喜好。

任何人都会有自己的喜好。尤其在物质条件充裕的环境中，即使是企业的普通员工，也会有意识地选择在业余时间享受生活。然而，作为企业领导，肩负着整个组织的命运，就不能随便表现出个人喜好。

领导者的个人喜好一旦表现明显，个人欲望就会彰显出来。一方面，这种欲望越是强烈，工作专注力就越会分散；另一方面，他人就有可能利用对欲望的了解，寻找领导者的弱点。最终导致的结果就是将良好的客观环境破坏掉。

04 大气：心有大气，左右不移

近年来，"气场"这个词越来越流行。这个原本属于中医气功体系的术语，其意义的外延在不断扩充。所谓"气"，是指一个人表现出的气质，包括其如何表现自我、影响他人；而所谓"场"，则是借用了物理学中物质场的概念，有了"场"，

第十章
领导者应具备的 5 个境界

才能有效传递能量。因此,"气场"可以看作一个人如何利用自己的气质和个性来产生对他人的吸引力。

显而易见,领导者的气场越大,作用到他人心理上的影响力就越大。那些成功的企业家,无论做什么事情,总是能伴随着强大的气场而产生极强的非权力影响力,这样,员工会崇敬他们,客户会喜爱他们,政府也会欣赏他们。大气的企业家或许并没有令人乍舌的个人财富数字,但处理事情还是会游刃有余。

气场从何而来?来自于你的强大内心。具体而言,来自于你能够包容整个世界的个性与智慧,来自于你处理每件事、每个细节是否能够表现出令人折服的态度。古人有云:"其身正,不令而行;其身不正,虽令不行。"成功的企业家不是靠权威来迫使员工服从;相反,他们大气的性格,会让人感觉如沐春风,并以自身对希望的追求,将下属凝聚在一起。最重要的是,当领导者真正心有大气,那么无论前方有怎样的干扰,都不可能转移其决心。

古代先贤孟子曾经向别人解答伯夷、伊尹和孔子的差距。他说,这三位贤人,处世原则是不同的。伯夷,天下太平时就出来做官,混乱时就全身而退;伊尹,君主值得追随,人民能够服从,则无论天下太平还是混乱,都会出来做官;孔子,只要能够做官就做官,而需要隐退时也自然隐退。孔子的境界,不是伯夷和伊尹能够追赶的,其所以高不可攀,就在于无可无不可。

大气,就应该表现为孔子这种不为外界所惑,坚持自我原则的"无可无不可"。当领导者将这种精神融入工作风格之后,在员工眼中自然胸怀全局、视野高远,拥有豁达的胸怀、权变的态度,并得以在市场竞争中一骑当先。

想要拥有过人的气量,企业家不妨从图 10-3 中所示的几点对自己加以改变。

第一,要有容人之量。

若有容人之量,即便事业刚刚起步,领导者的开诚布公也会让下属忠心追随;反之,即便有宽广平台,无形中也会因为领导者性格的缺陷而导致影响力缩小。

领导者应该善于接受别人的长处,能够允许他人"鹤立鸡群",显得有所不同;也应该接受他人的短处,不是一味指责,而是站在帮助对方的角度上去加以协调和引导；更要能够接受他人的私心，绝大多数员工在企业中工作，都会有为自己谋利益的想法，只要这种想法没有违背企业的规章制度，领导者就应该能够坦然待之，然后加以利用。

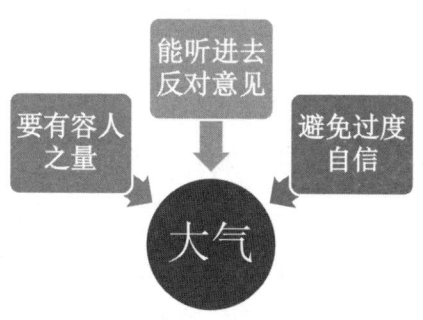

图10-3　培养企业家气量的三个注意事项

第二，能听进去反对意见。

允许别人的反对意见是领导者大气表现的重要标志。

领导者既然承担了组织掌舵者的责任，就要在思想上做好充分准备，无论是顺耳话语，还是逆耳之言，都应该积极听取。尤其是那些反对意见，哪怕是私下流传的尖锐批评，或者其内容明显错误，也不需要对之火冒三丈、试图报复。

第三，避免过度自信。

自信是必要的领导力要素，但过度的自信，会让领导者走向自负，进而心胸狭窄，难以大度。企业领导一定要保持谦逊的特质，懂得自我力量虽大但毕竟有限，如果不加以管控，就有可能刚愎自用，导致决策失误。

你一定要不断提醒自己，看清自我固有的缺点，防止错听他人意见。更重要的是，不应总是认为自己作为领导者就必须时时刻刻被人关注，而是多问问自己"我是谁"，从而永远保持清醒，冷静对待真相，做到"无可无不可"的豁达和坚持。

05 底气：守住底气，才能成事

人是群体性的动物，社会是大群体，而企业则是小群体。无论是在前者的广袤天地活动中，还是置身后者的内部结构中，想要具备过人的影响力，就要懂得如何集聚自身的"势"。领导者有了底气，才能得势，才能成事，这已经是不争的事实。

底气，是自内而外散发的凛然正气。拥有底气的领导者在处理企业内外不同的难题之时，总是能"化腐朽为神奇"，尤其是处理员工的纷争时，也能匡扶正义。可以说，底气体现了领导者的形象价值，也反映了其能力水平和魅力指数的高低。

培养、汲取并利用自己的底气，是领导者义不容辞的责任，也是企业不断繁荣向上的保障。然而，实践中种种迹象表明，并非每个领导者都能拥有这种宝贵的气质。如果自己本身修为不够，在工作风格上存在短板，或者在为人处世上具有偏差，就不足以产生能够威慑统领员工的力量。一个最明显的事实是，如果领导者不能在某些问题上做到清正廉洁，也就谈不上拥有浩然正气，更不会去管理员工、抨击丑恶。

万科创始人王石，带领企业一路走来，始终是整个行业中"教父"级别的人物。他总有着不同于别人的勇气，敢于在员工、在社会面前充分表达自己的想法。

生活上，王石攀登珠穆朗玛峰、哈佛游学，放下老总身段，生活低调，谢绝应酬，并时常潜心学习到凌晨。社会责任上，他公开表示"我手下行贿就是我行贿，你们可以去查"。面对媒体，则敢于用"先听我说完"来展现出自己强硬的一面，甚至用"不要跟我扯政治"直接打断记者……更表现出其过人的自信。

正因为有这样的底气，万科文化才卓立于房地产界，当资本市场风云突起之时，还是王石紧密掌控这艘大船的方向，作出"挑选大股东"这种充满力量的抉择。如果换成他人，或许在巨大的财富面前，已然迷失方向，难以百尺竿头更进一步。

领导者的底气，在于能够认识世界、认识人性，仔细而冷静地判断自我和外界，具备过人的智慧，还可以不断鞭策自己去为企业、社会和国家服务。有了这种底气，领导的人格和行为都会更加正直，从而实现人生与工作的真实意义。

领导者的底气，正是其高超思想境界的具体表现。他们为此需要付出不断的努力，远超过员工为企业付出的劳动。

图 10-4 所示正是领导者底气来源的三个方面。

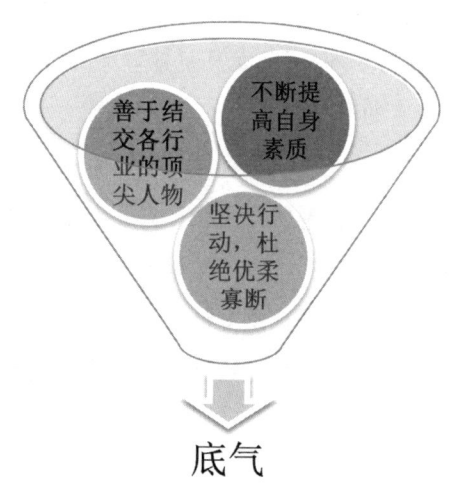

图 10-4　领导者底气来源的三个方面

第一，不断提高自身素质。

领导者忙于管理企业、应酬外界，但与此同时也不能忽视对新理念的学习。飞机上最常见的现象恰好说明了这一点：在经济舱的乘客通常都忙于看电影、听音乐或者睡觉，而在商务舱和头等舱的乘客却忙于阅读。想要保持对员工在思想境界上的"引领权"，你需要抓住一切有可能的时间用来学习，研读包括管理、法律、科技、商业、哲学和历史等方面的书籍，用来指导工作，充实底气。

第二，要善于结交各行业的顶尖人物。

"物以类聚，人以群分"，一个人的气质来自于其朋友圈，而领导者的底气也同样如此。如果说和客户推杯换盏、和领导车马相迎，是为了企业发展的应酬，那么，企业家同其他社会精英的交往，则不需带有如此的功利性质。

第十章
领导者应具备的 5 个境界

海尔总裁张瑞敏曾经和新闻界名人艾丰有过交往，在闲谈中，艾丰向他讲述了新闻写作的倒金字塔法，顿时给了张瑞敏很大启发——回到公司，他就要求所有员工在会议上都要用这种方法来汇报工作，而在演讲时，张瑞敏自己也经常运用这种方法。

结识那些看似和企业生意毫无关系的精英人物，和读书学习一样重要。因为当你的身边集中了全社会的精英，你的底气自然会因此而不断充沛，战无不胜。

第三，坚决行动，杜绝优柔寡断。

领导者需要有充分的勇气和迅速的行动，向员工展现雷厉风行、光明磊落的执行者形象，从而激发员工团结一致的进取心与责任感。同时，领导者无论年龄高低、职业生涯长短，始终都要保持一种接近年轻人的锐气，这种锐气犹如一股清新的风，会影响组织中的每个人。当他们看到领导者意气风发、无可阻挡的工作面貌，自然会相信其内心的笃定和从容，并感受到难以动摇的底气。

正如英国心理学家亨利·艾利斯所说："当今领导者，集中到一点，就是他有能力使他的下属信服而不是简单地控制他们。"